우리 아이가 달라졌어요!

우리하이가 달라졌어요!

초 판 발 행 | 2012년 4월 15일
지 은 이 | 송윤이
펴 낸 이 | 박종도
책 임 편 집 | 박중훈
기획 · 디자인 | 박중훈 김동희 이유미
제 작 · 영 업 | 박종춘
인 쇄 제 작 | (주)윤일문화

펴낸곳 | 도서출판 동방의 빛
    등록 | 제2001-000014호
    주소 | 135-333 서울시 성동구 성수2가 3동 277-47
    전화 | 02-498-6166, 498-6161 | 팩스 | 469-9017
    메일 | dongbang6166@nate.com

Copyright ⓒ2011 저작권자와 맺은 특약에 따라 검인을 생략합니다.
ISBN 978-89-97091-01-0 03370

이 책은 저작권법의 보호를 받는 저작물입니다.
도서출판 동방의 빛은 독자 여러분의 의견을 소중하게 생각합니다.
책값은 뒷표지에 있습니다. | 잘못된 책은 구입하신 곳에서 바꾸어 드립니다.

우리 아이가 달라졌어요!

송윤이 지음

Mentor 부모, 행복한 아이를 위한
Story Telling

도서출판 동방의빛

Prolog

    아직 쌀쌀함이 묻어나는 이른 봄 날… 아침 햇살을 받으며 책상에 앉았다. 교실 안 아이들 모습이 그려진다. 아침에 등원하면서 힘차게 "사랑하는 선생님 안녕하십니까?" 하는 소리로 시작해서 장난감을 가지고 노는 아이, 소곤소곤 이야기하는 아이, 친구와 손을 잡고 화장실을 가는 아이, 친구와 놀면서 깔깔대며 웃는 아이들의 웃음소리…… 이 모두가 날마다 보는 교실 안 풍경이다. 이 모습들을 바라볼 때마다 "좋은 부모"에 대한 생각을 지울 수가 없다. 물론 그에 앞서 "좋은 교사"가 되는 것에 대한 고민도 끝이 없는 연구과제이다. 아이들에게 "좋은 부모"가 되어준다는 것이 얼마나 힘이 든 것인지, 얼마나 중요한 것인지 아이를 키운 엄마로서, 유아교육 현장에서 삼십년 가까이 일해 온 본 필자로서 부모교육에 대한 절실함을 느낀다.

    인간의 발달은 전 생애에 걸쳐 신체적, 지적, 언어적, 사회 정서적 등 제 영역에서 이루어지는 지속적이고도 통합적인 과정이다. 부모가 자녀를 양육하는데 있어 연령에 따른 발달 특징을 인지하고 있을 때 이에 적합한 양육활동을 할 수 있으며 또한 유아의 발달을 자연스럽게 도와줄 수 있게 된다.

    아이들은 부모를 닮는다. 부모로서 최선을 다 할 때 우리 아이들은 더 행복한 아이로, 이 사회에 소중한 몫을 감당하는 아이로 바르게 성장할 것이다. 부모교육의 필요성은 정말 중요하다. 특히 유아기의 어린 자녀를 둔 부모님들에게 작은 도움이나마 드릴까 해서 현장에서 느끼는 크고 작은 일들을 정리해서 간절한 마음을 담아 부족하나마 이 책을 쓰게 되었다.

    발달의 적기에 있는 아이들에게 가정에서는 부모님이 좋은 부모 역할을 해주고,

원에서는 교사들이 다양한 프로그램 경험과 사랑으로 좋은 교사의 역할을 해준다면 우리 아이들은 세상 어디에 내놓아도 가장 행복한 아이, 무엇이든 할 수 있는 아이, 스스로 자존감이 있는 사랑스러운 아이로 자랄 것이다.

그동안 수많은 아이들을 교육해오면서 늘 자문을 한다. '나라면 나 같은 선생님에게 내 아이를 맡길 수 있을까?' 그 물음에 떳떳하기 위한 노력은 날마다 자전거를 타는 심정으로 교사로서 최선을 다하는 것이다. 한편으로는 이제 어엿한 청년이 되어 사회에서 제 몫을 하고 있는 멋지고 당당한 제자들을 보면서 큰 보람과 마음의 위안을 얻는다.

노자의 도덕경에 나오는 말에 상선약수(上善若水)라는 말이 있다. 물은 모든 사람에게 도움을 주며, 겸손해서 위에서 아래로 흐르며, 물은 머물면 썩고 흐르면 다시 맑아진다는 뜻이다. 물처럼 늘 겸허한 마음으로 끊임없이 공부하면서 존경받는 교육자로서, 이 땅의 아이들에게 따뜻한 엄마로서 살고 싶은 소망이 나를 살게 하고, 달리게 한다.

내 인생에 터닝 포인트(Turning Point)를 갖게 해주신 경기대학교 엄 길청 교수님께 깊은 감사의 말씀을 전한다. 또한 공부하고 일하는 엄마를 위해 오래 참아 준 사랑하는 아들 지환이에게 미안함과 감사의 말을 하고 싶다.

사랑하는 나의 가족과 늘 내게 힘을 주는 소중한 친구들, 나와 함께 참 교육의 뜻을 이뤄나가는 진정한 나의 교사들, 특히 예쁜 우리 아이들…… 모두 모두 사랑한다.

끝으로 책을 예쁘게 잘 만들어 준 도서출판 동방의 빛 박종도 대표이사님께 감사의 말을 전하며, 출판사 전 임직원에게 고마움을 전한다.

오늘도 떠오르는 아침 햇살이 참 아름답다.

2012. 3. 송문이

Contents

첫 번째 마음
"소중한 내 아이 잘 키우고 싶어요."

1. 코이(Koi) 이야기 ♥ 14
2. 부모는 아이에게 어떤 존재일까? ♥ 16
3. "하루에 열 번 이상 약을 먹이듯이 칭찬하기" ♥ 21
4. 어머니의 사랑 ♥ 23
5. "할 수 있는 어린이" ♥ 25
6. "스스로 선택하는 어린이" ♥ 28
7. "나는 말을 사용할 수 있어요" ♥ 31
8. "어른들은 믿을 수 있다" ♥ 33

두 번째 마음
"내 아이는 내 소유가 아닙니다."

1. 소유로부터의 자유 ♥ 36
2. 자녀는 사랑으로 느끼지 못하는 스토커 사랑 ♥ 39
3. "아이는 어항 속의 물고기입니다" ♥ 41
4. "부모 되기는 쉬워도 부모답기는 어렵습니다." ♥ 42
5. 눈 먼 최선은 최악을 낳는다. ♥ 44

세 번째 마음
"자녀교육에는 원칙이 있어야 합니다."

1. 1세~만3세경의 아이의 심리 ♥ 47
2. "자녀교육에 원칙을 세워라" ♥ 51
3. "바람직한 부모의 양육태도" ♥ 54
4. "아이에게 끌려가는 부모와 이끌어 주는 부모" ♥ 55
5. "말을 할 때는 진지하게, 지시할 때는 분명하게" ♥ 57
6. 인성교육은 두 번째? ♥ 58

네 번째 마음
"부모와 아이의 감정 다스리기"

1. "아이의 잘못에 감정적으로 대응하지 말라" ♥ 61
2. "아이가 화가 났을 때" ♥ 65
3. "아이를 가르칠 수 있다고 믿어라" ♥ 67
4. "부모가 죄책감을 느낄 때" ♥ 69

Contents

다섯 번째 마음
"사례별 아이 버릇 고치기"

1. "잘 우는 아이" 어떻게 할까요? ♥ 73
2. "먹지 않아 걱정입니다!" ♥ 75
3. '산만한 아이' 꾸짖지 마세요. ♥ 79
4. 우리 아이, 책 읽게 만드는 7가지 방법 ♥ 82
5. 상담사례 모음 ♥ 86

여섯 번째 마음
"성공하는 글로벌 리더로 키우기"

1. 글로벌 인재의 특징과 조건 ♥ 105
2. "다른 사람과 네트워크 할 수 있는 능력으로 키우자" ♥ 107
3. 아이의 백 년 인생을 좌우하는 9가지 기본력 ♥ 110
4. 성공과 실패보다 중요한 것은 도전 ♥ 114

일곱 번째 마음
"좋은 아빠, 좋은 엄마가 되기 위하여"

1. 아이의 백 년 인생을 생각하는 부모들을 위한 7가지 지혜 ♥ 118
2. 아들에게 특별한 아빠가 되는 10가지 방법 ♥ 121
3. 아이에게 『정직함을 가르치는』 14가지 말 ♥ 124
4. 아이의 『용기를 길러 주는』 14가지 말 ♥ 125
5. 아이의 『기분을 밝게 하는』 14가지 말 ♥ 126
6. 아이에게 『자신감을 심어 주는』 14가지 말 ♥ 127
7. 아이에 대한 아빠의 편견 10가지 ♥ 128
8. 좋은 아빠가 되기 위한 마음 열기 ♥ 133
9. 아이사랑, 가족 사랑을 실천하는 10계명 ♥ 134
10. 좋은 부모가 되기 위한 12가지 일러두기 ♥ 135
11. 아빠가 1% 변하면 아이는 10% 변한다 ♥ 139
12. "맞벌이 부부의 교육기관 선택하기" ♥ 142
13. 자녀교육 10계명 – 부모보다 훌륭한 교사는 없다 ♥ 144

Contents

여덟 번째 마음
"최고의 경쟁력은 감동입니다."

1. 최고의 경쟁력은 감동입니다. ♥ 147
2. 머리가 차가운 아이보다 가슴이 따뜻한 아이로 키우자. ♥ 149
3. 상대방의 입장으로 생각하고 남을 배려하는 아이 ♥ 152
4. 자신이 닮고 싶은 스승(멘토)을 찾게 해주자. ♥ 154
5. 자신과 친구들, 주위 모든 것을 칭찬하고 미소를! ♥ 156
6. 아침엔 하루를 신나게 열고, 밤엔 내일을 그리며 닫게 ♥ 158

아홉 번째 마음
"어머니! 그 이름만으로도.."

1. 빌 게이츠(William H. Bill Gates) ♥ 161
2. 빌 클린턴 (Bill Clinton) ♥ 161
3. 토마스 에디슨(Thomas Alva Edison) ♥ 161
4. 스티븐 스필버그(Steven Allan Spielberg) ♥ 162

첫 번째 마음

"소중한 내 아이 잘 키우고 싶어요."

배가 출항을 하여 항해를 시작한다. 어느 곳으로 가야하는지, 어떻게 가야하는지에 대한 준비가 없다면 그 배는 침몰 할 수도 있다. 우리가 어떤 것을 이루려고 하면 목표가 있어야 한다. 한 인격체인 아이를 어른으로 성장시키는 과정에서는 보다 구체적이고 세밀한 목표가 있어야 한다.

1. 코이(Koi) 이야기
2. 부모는 아이에게 어떤 존재일까?
3. "하루에 열 번 이상 약을 먹이듯이 칭찬하기"
4. 어머니의 사랑
5. "할 수 있는 어린이"
6. "스스로 선택하는 어린이"
7. "나는 말을 사용할 수 있어요"

1. 코이(Koi) 이야기

일본인들이 많이 기르는 관상어 중에
코이(Koi)라는 잉어가 있습니다.

코이(Koi)는 작은 어항에 두면 5~8㎝밖에 자라지 못합니다.

그러나 아주 커다란 수족관이나 연못에 넣어주면 15~25㎝까지 자랍니다.

그리고 강물에 방류하면 90~120㎝까지 성장합니다.

코이(Koi)는 자기가 숨 쉬고 활동하는 세계의 크기에 따라
피라미가 될 수도 있고 대어가 되기도 하는 것입니다.

우리 아이들도 마찬가지입니다.
아이를 어항에 가두어 둘 것인지,
커다란 수족관이나 연못에 넣어둘 것인지,
아니면 강물에 방류하여 키울 것인지……

소중한 내 아이라고 생각 할수록
우리 아이를 넓은 곳으로 내 놓을 수 있어야합니다.
그리고 커다란 꿈을 같이 꾸는 것입니다.

꿈이란 '코이' 라는 물고기가 처한 환경과도 같습니다.
꿈의 크기는 제한이 없습니다.
어떤 꿈을 꾸느냐에 따라
나는 피라미가 될 수도 있고 대어가 될 수도 있습니다.

이제 우리 함께 아름다운 꿈을 위한 여행을 떠나 볼까요?

 ## 2. 부모는 아이에게 어떤 존재일까?

　유아교육 현장에서 30년 가까이 지내면서 늘 아쉬움이 남아있다면 부모들의 기대감과 부모들의 양육태도가 전혀 다르다는 것이다. 거의 모든 부모가 자신의 자녀가 영재라고 생각하는 것도 아이러니 하지만 거의 모든 부모가 자신의 자녀가 글로벌 리더가 될 것이라고 믿고 있는 것이다. 아니 믿고 있기 보다는 부모의 막연한 바람이라고 볼 수 있다. 내 자녀가 나보다는 대단한 삶을 살 것이라는 기대감은 성적으로 치면 A+이지만 그 것을 위한 부모의 이해와 노력은 거의 F학점이라고 볼 수 있다.

　1980년대 말에 처음 유아교육기관을 설립해서 아이들을 교육하다보니 참 이상한 점을 발견하였다. 그것은 원에서 아무리 노력을 해도 아이들이 50% 정도밖에는 변하지 않는 것이었다. '왜 그럴까?' 를 반문하며 살펴보니 아이들이 이상할정도로 부모와 닮아있는 것이었다.
　그 당시는 나 역시 학문의 깊이도 얕고 교육경력도 얼마 되지 않은 터라 그 이유를 학문적으로 이해할 수 없는 상황이었다. 하루는 한 엄마가 찾아와서 우리 아이가 성격이 참 이상해서 엄마인 자신도 이해 할 수가 없다며 잘 살펴보아서 우리 아이의 성격을 고쳐달라는 주문을 했다. 그 엄마는 나와 나이도 같아서 개인적인 친분을 쌓고 싶어 하기도 했다. 그 아이의 성격을 유심히 살펴본 결과 그 아이는 무척이나 변덕스러웠다. 감정의 기복이 아이치고는 대단히 심했다.
　그리고 그 엄마를 살펴보는 가운데 그 이유를 알게 되었다. 엄마 역시 감정의 기복이 아주 심했다. 어느 날은 기분이 아주 좋아서 온 세상을 다 갖은 것 같이 행동하고 어느 날은 세상이 그녀를 버린 것 같이 행동하면서 울면서 전화를 하거나 긴 장문의 편지를 내게 쓰기도 했다. 엄마는 자신의 이런 상태를 전혀 모르고 있었다. 아이가 불쌍하다는 마음이 들었다.

'아이에게 부모는 어떤 존재일까?' 첫 의문이 시작되었다. 그 의문을 풀기 위하여 공부를 하기 시작했다. 여기 저기 돌아 다니며 도움이 될 만한 강의는 다 찾아 들었다. 듣고 와서 나름대로 요약정리를 해서 부모들을 초대해서 전달강의를 하였다. 부모가 변하지 않으면 아이는 절대로 달라질 수 없다는 결론을 내렸기 때문이다. 지금 생각해보니 내게 다가온 그 엄마를 붙잡고 상처를 입지 않는 범위에서 이해를 시키려고 많이 노력을 했던 것 같다. 그 엄마가 조금씩 마음의 안정을 찾아가면 아이도 같이 안정을 찾아갔다.

"아이에게 부모는 거울이다"라는 말이 있다. '거울! 과연 거울이 맞을까?'라고 묻는다면 난 그 것이 맞다고 이야기 할 수 있다. 특히 아이들은 부모의 양육태도에 따라 많이 달라지기 때문이다. 우리의 부모들이 아이들에게 기대하는 것만큼 바르게 양육하기 위하여 공부를 한다면 우리의 가정도 우리의 아이들도 아주 건강 할 것이다. 나 역시 유아교육자임에도 불구하고 내 아이가 어렸을 때 내 감정대로 아이를 양육했음을 시인하지 않을 수 없다. 얼마 전 서랍을 정리하다가 오래된 나의 일기장을 발견하였다. 결혼해서 약 7년간 쓴 일기장이었는데, 읽어 보다가 깜짝 놀랄 대목에서 나의 눈이 얼어붙었다. "남편과 다투고 난 뒤에 아이를 때린 것이 마음 아프다." 라고 기록되어 있었다. '내 감정 때문에 아이를 때리다니...' 지금으로서는 상상도 할 수 없는 일이다. 생각하면 너무 부끄럽지만 고백 할 수밖에 없다. '지금도 젊은 부부들이 나와 같은 실수를 범하고 살고 있지는 않을까?' "왜?" 모르기 때문이다.

아동문학가 정채봉 선생님의 〈하늘나라에 가신 엄마가 휴가를 나온다면〉 시를 보면 엄마, 부모는 정말 위대한 존재인 것이다. 아무리 나이가 들어도 힘들 때 위로가 되는 그런 존재, 뭐든지 속상하면 다 일러주고 싶은 엄마, 그게 바로 엄마이다. 내게 엄마는 더 특별하다. 자라오면서 엄마하고 맘 적으로 트러블 한번 없이 너무 좋은 관계로 살았던 것 같다. 지금은 돌아가셔서 늘 그립기만 하다. 내가 가장 존경하는 분이 바로 우리엄마이기도 하다. 정채봉선생님의 시처럼 만약 하늘 나라에 가신 우리엄마가 휴가를 나오신다면, 나도 이 세상 살면서 속상했던 일 다 일러주고 싶고, 후회되는 일, 힘들었던 일, 자랑하고 싶은 일, 어린 아이처럼 뭐든지 다 이야기하고 싶다.

어린 시절 엄마가 내게 어떻게 대하셨는지 생각이 난다. 필자의 엄마는 일 하시느라 늘 바쁘셨다. "공부해라, 준비물 챙겼니?" 등 어느 말씀도 하시지 않고 늘 칭찬만 하셨다. 우리 집에 찾아오시는 분들에게 늘 "우리 윤이는 공부를 잘한다, 기억력이 좋다, 착하다, 그림도 잘 그린다, 뭐든지 스스로 잘한다 등" 하시면서 내가 그린 스케치북을 가져다 보이시면서 이렇게 늘 칭찬만 해 주셨다. 어린 나는 엄마의 칭찬에 나는 늘 스스로 다 잘하는 어린이인줄 알았다. 그래야만 하는 것 같았다. 그래서 스스로 뭐든지 하려고 노력했던 것 같다. 이 칭찬이라는 보약이 나를 얼마나 자긍심 있는 사람으로 성장하게 했는지, 얼마나 넓은 이해심을 갖게 했는지, 지금 생각해보면 참 훌륭하신 교육법이었던 것 같다.

부모는 자녀가 자기 자신의 삶을 잘 살아 갈 수 있는 힘을 얻도록 늘 지지해 줘야 하며, 내 욕심 내 기대치가 아니라 진정 자녀에게 사랑이 되는 그런 부모, 자녀를 낳았다는 것만이 아니고 그저 시간이 지나감으로 부모의 역할을 다하는 것이 부모가 아니다. 아이들에게 부모는 가장 큰 힘인 것이다. 어려서 가장 많이 하는 말 중에 하나가 "너 우리 아빠한테 이를 거야." "너 우리 엄마한테 이를 거야." 이다. 아이들은 부모님이 옆에 계실 때 하는 행동과 안 계실 때 하는 행동이 다르다. 그만큼 부모는 아이들에게 큰 힘인 것이다.

이 소중한 아이들이 그렇게 믿고 의지하는 부모님이 자녀 양육에 대한 지식이 없고 자기의식대로 그저 자신의 신념만 믿고 아이를 키운다면 우리 아이들은 어떻게 될 것인가? 가슴이 철렁할 일이다. 아이를 인정해주고 사랑해주자.

아이들에게는 발달의 적기가 있다. 아이들은 생후 1년 동안 애착관계를 형성해줘야 한다. 애착관계란 이 세상에 나를 제일로 소중하게 생각하고 내가 믿고 살 수 있는 그 누군가가 내 옆에 있다는 것을 아이가 느낄 수 있도록 양육해줘야 하는 것을 말한다. 이 시기에 양육자가 자주 바뀌면서 사랑을 느끼지 못하면 아이는 사랑에 결핍을 느끼게 되는 것이다. 그래서 보통은 발달의 적기라고 하고 민감기라고도 한다. 그만큼 중요한 시기이기 때문이다. 이시기에 부모의 역할을 어떻게 하느냐가 아이의 인생에 큰 영향력을 미치게 되는 것이다.

얼마 전 한 어린이가 유치원에 입학을 하였는데 그 부모님과 상담을 하게 되었다. 아이가 어리광이 심하고, 엄마는 너무 바쁜데 자기만 쳐다보라고 하고 자기 옆에서만 자야한다, 동생이 없어졌으면 좋겠다. 등등 어떻게 해야 할지를 모르겠다고 하였다. 원에서 살펴보니 아이가 쉴 새 없이 말을 하면서 정서가 불안하였고, 무엇이든지 하다가 안 되면 늘 울면서 말을 하였다. 엄마가 너무 속상해 하셔서 아이를 데리고 HTP그림검사를 해 보았다. 그 결과 아이는 자기 자신에 대한 자긍심도 부족하였고 너무 보호받고 싶어 하는 것이었다. 그리고 부모의 양육태도를 상담해보고 부모의 성격유형을(DISC) 검사해본 결과, 부모는 분석형으로서 사랑받고 싶어 하는 아이에게 엄마는 너무 바빠서 지금 너하고 사랑을 나눌 시간이 부족하다는 것을 분석적으로 설명하기에 급급했다. 원에서는 아이에게 안심을 하게 하면서 아이를 안고 "사랑해, 너가 최고야" "넌 참 소중한 아이야"라고 말해주면서 충분히 사랑을 느끼도록 해 주려고 많은 노력을 하였다.

아이의 마음을 읽어주고 보듬어 주니 아이는 많이 편안해졌다. 부모에게 사랑받고 싶어 하는 아이의 마음을 읽어주되 되는 것과 안 되는 것의 원칙을 세워서 훈육 할 것을 부모에게 요구했다. 부모님은 아주 마음 아파하며 본인이 아이를 양육함에 있어서 무지함을 어찌 할 바를 몰라 했다. 원에서도 적극적으로 도와드릴 것을 약속하고 가정에서 지켜줘야 할 것을 이야기하면서 상담을 수차례에 걸쳐서 했다.

　이 엄마의 경우는 부모교육 시간을 통해서 자신과 아이의 심각함을 깨닫게 되었고, 그 후로는 월차를 내서라도 부모교육 시간에 꼭 참석하는 열의를 보였다 얼마나 감사한 일인지 모르겠다.

　아이에게 부모는 늘 기댈 수 있는, 사랑받을 수 있는 가장 좋은 통로인 것이다.

 ## "하루에 열 번 이상 약을 먹이듯이 칭찬하기"

아이들은 하루에 아홉 번씩 마음을 접는다고 한다. 아이들의 하루의 꿈은 "오늘 누가 나를 칭찬해줄까?" 이다. 만약에 아이가 아침부터 늦장 부린다고 혼나고, 유치원에 와서 인사 안한다고 혼나고, 친구들과 다툰다고 혼나고, 집에 와서 밥 안 먹고 장난친다고 혼나고, 동생한테 양보 안한다고 혼나고, 그렇다면 이 아이의 하루의 꿈을 색으로 표현한다면 아마 시커먼 흑색으로 표현될 것이다. 부모의 입장에서 부모의 감정 상태에서 아이들을 평가하고 말로 표현하며 상처를 입히면서, 세상에서 제일 귀한 내 자식이라면 과연 그 말이 맞는 것일까? 자문 해 봐야 할 일이다.

아이와 관계된 모든 사람들은 아이에게 늘 칭찬을 아끼지 말아야 한다. 우리 유치원에서는 교사들에게도 부모들에게도 "아이가 아플 때 약을 먹이듯이 하루에 열 번 이상 칭찬을 하라"고 주문을 한다. 필자 역시 아이들과 눈이 마주치면 눈빛으로라도 그 아이를 인정해주고 사랑을 전달해준다. 그 것을 받는 아이의 눈빛을 보면 기쁨과 자긍심에 찬 그런 눈빛을 보내온다. 이럴 때 얼마나 큰 행복감이 나의 가슴을 채우는지 모른다.

아이들의 언어를 관찰해보면 참 특이한 공통점을 발견 할 수가 있다. 예전에는 "우리 집"이라는 표현을 썼는데 요즘 아이들은 꼭 "내 집"이라는 표현을 한다. 또 모든 말에 "이가"를 붙인다. 예를 들면 "선생님이" 라고 해야 할 말을 아이들은 "선생님이가"라고 표현을 한다. 이 아이들의 언어가 너무 사랑스러워 나 역시 어린 아이들과 소통할 때에는 아이들의 언어를 사용한다. "선생님이가 너를 아주 많이 사랑해"라고. 그러면 아이들의 얼굴에서는 입가에서 따스한 미소와 함께 말로 표현할 수 없는 뿌듯함, 만족감을 읽을 수가 있다. 이 모습을 바라보는 나의 마음 역시 그렇다. 이것이 하루에도 여러 번 반복되어도 아이들은 단 한번도 "아까도 말했잖아요." 라고 하지 않고, 기뻐하고 행복해하는 모습을 볼 수 있다. 이와 같은 칭찬을 하루에도 여러 번 날마다 수십 년을 반복해서 해오고 있다. 이런 나의 행복감은 무엇으로 표현할 수 있을까?

가정에서도 부모님들이 아이들에게 할 수 있는 것이 바로 칭찬이 아닐까 싶다. 아이들의 마음을 열고 아이들에게 세상에서 가장 소중한 자긍심을 심어주고 아이들 스스로 자신이 사랑받고 있다는 느낌을 갖도록 도와주는 "칭찬"이야말로 영유아기에 있는 아이들에게 최고의 보약인 것이다. 아이들 마음에 '나는 정말 사랑스러운 아이야' 라는 마음을 갖게 해주는 가장 확실한 방법인 것이다.

4 어머니의 사랑

한 어머니가 처음으로 유치원 학부모 모임에 참석했다. 유치원 선생은 그 어머니에게 말했다.

"아드님은 산만해서 한시도 가만히 있지를 못해요. 단, 3분도 의자에 앉아 있지를 못합니다. 병원에 데려가 보시는 게 좋을 것 같아요."

아들과 집으로 돌아오는 길에 어머니는 말했다.

"선생님이 너를 무척 칭찬하셨단다. 의자에 앉아 있기를 1분도 못 견디던 네가 이제는 3분이나 앉아 있다고 칭찬하시던걸. 다른 엄마들도 모두 엄마를 부러워하더구나."

그날 아들은 평소와 달리 먹여 달라는 투정도 않고 밥을 두 공기나 뚝딱 비웠다.

시간이 흘러 아들이 초등학교에 들어갔다. 어머니가 학부모회에 참석했을 때, 선생이 말했다.

"이번 시험에서 아드님 성적이 몹시 안 좋아요. 지능에 문제가 있는 건 아닌지 병원에 데리고 가서 검사를 받아 보세요."

그 말을 듣자 어머니는 눈물이 왈칵 쏟아졌다. 하지만 집에 돌아가서는 아들에게 이렇게 말했다.

"선생님이 너를 믿고 계시더구나. 너는 결코 머리 나쁜 학생이 아니라고 하시면서, 조금만 더 노력하면 이번에 21등을 한 네 짝도 제칠 수 있을 거라고 하시더구나."

어머니의 말이 끝나자, 어두웠던 아들의 표정이 환하게 밝아졌다.

그날 뒤로 아들은 놀라우리만큼 달라졌다. 훨씬 착하고 의젓해진 듯했다. 다음 날 학교에 갈 때도 아들은 평소보다 이른 시간에 집을 나섰다.

아들이 중학교를 졸업할 즈음에 담임선생은 어머니에게 이렇게 말했다.

"아드님 성적으로는 명문 고등학교에 들어가는 건 좀 어렵겠습니다."

어머니는 교문 앞에서 기다리던 아들과 함께 집으로 돌아가며 이렇게 말했다.

"담임선생님께서 너를 무척 자랑스럽게 생각하시더구나! 조금만 더 노력하면 명문 고등학교에 들어갈 수 있다고 하셨어."

아들은 끝내 명문 고등학교에 들어갔고, 뛰어난 성적으로 졸업했다.

그리고 명문 대학 합격 통지서를 받았다. 아들은 대학 입학 허가 도장이 찍힌 우편물을 어머니의 손에 쥐어 주고는 엉엉 울었다.

"어머니...

제가 똑똑한 아이가 아니라는 것은 저도 잘 알아요. 세상에서 저를 진심으로 사랑해 주신 분은 어머니뿐이세요."

-「아들은 아버지에게 맨 처음 낚시를 배운다」에서 발췌-

5. "할 수 있는 어린이"

아이들은 평균적으로 이천 번을 넘어져야 걸을 수 있다고 한다. 그 어린 아가들이 수많은 시행착오를 거쳐야 걷는다는 놀라운 사실을 우리는 잊고 산다. 그런데 부모는 너무 급한 마음으로 아이들에게 정말 많은 것을 기대하고 또한 요구하고 있다. 그 아이들이 이 세상에 태어나서 살아봤자 길게는 5년, 작게는 2년 남짓한데 적어도 30년 이상을 살아온 자신들도 하지 못하는 것을 아이들에게 요구하는 것이다. 매일 학습지 세 장, 책 다섯 권 읽기, 시간 맞춰서 자고 일어나기, TV시청은 정해진 프로만 보기, 스스로 옷 입기, 장난감 정리하기, 동생에게는 무조건 양보하기, 친구하고 싸우지 않기, 인사하기, 그것도 배꼽 손 하고 인사하기, 부모님 도와주기, 가끔 친구와 싸워서 맞고 오면 너도 친구를 때려야하는 명령까지 다 수용해야 하는 이 어린 천사들을 어떻게 하란 말인가? 정작 부모들은 질서 없이 TV시청은 자기 기분대로, 때로는 부부끼리 큰 소리로 싸우기까지 하면서, 아이들은 싸우면 나쁜 어린이, 아이들은 슈퍼맨이 아니라는 것을 인식해야 할 것이다. 그리고 부모들이 착각하기 쉬운 것 중에 하나는 영재에 대한 인식이다. 하루라도 먼저 한글을 떼기라도 하면 세상에 부러울 것이 없고 그렇게 자랑스러울 수가 없다. 그 반면에 그렇지 못하면 속상하기란 이루 말할 수가 없다.

부모들은 늘 급하다. 뭐든지 빨리 빨리, 그러다보니 아이가 스스로 할 수 있는 시간을 주지 않는다. 아이가 생각 할 수 있는 시간도 줘야하고 아이가 나름대로 주어진 일을 어떻게 해야 하는지를 계획할 수 있는 시간도 줘야한다.

그럴 시간은 주지 않은 채 아이를 다그치기만 한다면 아이는 뭐든지 부모가 해줄 때까지 기다리는 수밖에 없는 것이다. 아이들은 생각보다 참 영리하다. 아이들은 생후 2개월부터 눈치가 있다고 한다. 생후 2개월이면 목도 가누지 못하는 상태이지만 나를 안고 있는 이 사람이 사랑으로 자신을 대하는지 아닌지도 다 감지 할 수 있다. 그러니 몇 십 개월 산 우리 아이들의 경우는 자신이 해봤자 잔소리 듣는 일은 하지 않는 것이다. 그러면 마음 급한 엄마가 다 해주고 스스로 만족해하는 것을 아이들은 이미 알고 있다. 예를 들면 보기에는 좋으나 아이들 스스로 신기에 복잡한 운동화를 사주고 빨리 신으라고 한다. 그러면 아이가 못하면 엄마는 또 자신이 신겨주게 될 것이다. 이렇게 하나 하나가 모여서 아이는 할 수 없는 아이가 되고 모든 것을 잘하는 엄마가 대신 하면 된다는 것을 깨닫게 되는 것이다. 이래서 탄생한 것이 마마보이이다. 요즘은 이것이 지나쳐서 헬리콥터 맘이 있다고 한다. 아이가 대학에 들어가도 아이주변을 맴돌며 수강 신청에 성적 이의신청까지도 엄마가 다 해준다는 것이다. 이렇게 성장한 아이들이 어떻게 성공하는 자신의 삶을 살 수 있을까?

　아이가 스스로 할 수 있는 범위의 일들을 주고 천천히 기다려주자. 그러면 유능한 우리의 아이들은 자신에게 맡겨진 일을 어떻게 하면 잘 할 수 있는지를 생각하면서 천천히 이 일을 훌륭하게 해 낼 수 있을 것이다. 이것이 아이를 믿어주는 것이다. 아이들은 믿는 만큼 자란다. 그리고 해내었을 때는 맘껏 칭찬을 해 주는 것이다. 이 때 아이들은 무엇이든지 할 수 있다는 자심감으로 가득 찰 것이다. 어린 유아일수록 아이들의 눈높이에 맞는 과제를 주어야 한다. 예를 들면 엄마가 빨래를 걷어오면 같이 빨래를 갠다든가, 밥을 먹고 자기 그릇은 씽크대에 갖다놓는다던가, 자기가 읽은 책은 정리하기, 신발 정리하기 스스로 옷 입기 등 가벼운 것부터 하다보면 자기 일을 스스로 할 수 있는 어린이가 될 것이다. 이 때 놓쳐서는 안 될 습관 중에 하나는 "정리하기"이다. 정리가 안 되는 아이는 커서 공부도 잘 할 수 없다.

"갑자기 25m 자라는 대나무"

어느 중국 대나무는
씨를 뿌리고 나서 거의 오 년 동안은
아주 작은 순 말고는 아무것도 보이지 않는다.
모든 성장은 땅 밑에서 이루어진다. 복잡한 구조의
뿌리가 땅 밑에서 종으로 횡으로 뻗어나가면서
형성된다. 그러다 다섯 번째 해가 끝나갈 무렵,
갑자기 약 25미터 높이로 성장한다.

– 파울로 코엘료의《알레프》중에서 –

아이들은 대단한 잠재력을 갖고 있다. 그 잠재력에 꿈을 심어주면서 기다리면 아이들은 이와 같이 어느새 쑤욱 자라난다. 부모의 성급함으로 무엇이든지 할 수 있는 아이를 혼자서는 아무것도 할 수 없는 아이로 키우지 않도록 부모는 오래 참고 기다리는 훈련이 필요하다.

 ## "스스로 선택하는 어린이"

　우리 아이가 스스로 선택해서 할 수 있는 일이 무엇이 있을까? 우리는 아이들에게 스스로 선택할 수 있는 기회를 얼마나 주고 있는지 자문 해 볼 필요가 있다. 아이들이 사고 싶어 하는 것과 부모들이 사주고 싶어 하는 것이 다를 때가 많이 있다. 그럴 때 부모들은 어떤 결정을 내릴까? 가끔 아이들이 신고 다니는 신발을 보면서 참 안타까울 때가 많다. '아이들은 신고 벗기에 편안한 디자인의 신발을 사주면 참 좋겠다.' 라는 생각을 자주 한다. 복잡한 끈이 달려서 아이들이 혼자서 신고 벗기에는 아주 불가능한 것이거나 지퍼 등이 달려서 아이들 스스로 지퍼를 내리고 올릴 수 없는 그런 신발, 혹은 뛰거나 걷기에 불편한 구두 등이 있다. 아이들이 귀가 할 때 거의 교사나 부모님이 신겨주어야 하는 신발은 아이 스스로 할 수 있는 기회를 뺏는 것이다.
　아이들과 함께 서점에 가서 책도 보고 아이들이 원하는 책 한 두 권 사가지고 귀가하거나 아이들이 원하는 문구류, 아이들이 원하는 모양의 음식 등도 부모들이 그 선택권을 아이에게 줄 수 있는 것 중에 하나이다. 어려부터 스스로 선택해 본 경험이 많은 아이들은 신중해진다. 누구나 선택을 할 때 늘 바른 선택을 할 수는 없다. 실패를 하면서 더 신중하게 골라야 한다는 마음을 갖게 되기 때문이다.

　하루는 한 어머니가 유치원으로 전화를 했다. 아이가 유치원에 오늘 못 온다는 내용이었다. 왜 그런지 이유를 물으니 아이가 잠옷을 입고 유치원 간다고 떼를 쓰고 있다는 것이다. 부모는 몇 십 분 째 아이와 싸우고 있다는 것이다. 원에서는 아이를 그냥 잠옷 입고 보내고 가방에 아이 몰래 아이 옷을 한 벌 넣어 보내 줄 것을 요구했고 부모님은 할 수 없이 그렇게 해 아이를 잠옷을 입을 채로 유치원 차를 태워 보냈다.

과연 이 아이는 잠옷을 입고 차를 타게 되어서 기분이 좋았을까? 절대로 그렇지가 않을 것이다. 아이는 부모에게 뭔가 틀어진 마음을 고집을 피우면서 이겨보려고 했던 것이다. 집에서 나오는 순간 이 아이는 후회스러움과 창피함, 앞으로 다가올 민망함 등 온갖 것이 머릿속을 스치고 지나갔을 것이다. 하지만 집에서 고집을 피우고 나왔으니 다시 들어갈 수도 없는 노릇이다.

차를 타자 친구들과 선생님은 "너 왜 잠옷을 입고 탔냐?"고 했고, 이 아이는 잠옷이 아니라고 우겼다. 원에 도착하자 아이는 하루 일과가 깜깜할 정도로 이미 맘이 상해져 있고 곧 울음을 터뜨릴 순간이 되었다. 이 때 조용히 사무실로 불러서 미리 가방에 담아온 다른 옷으로 갈아입혔다. 아이는 얼른 입고 온 잠옷을 벗어 버리고 다른 옷을 입었다. 이 아이는 자신이 선택한 것이 얼마나 자신을 곤란하게 하는지를 경험하게 된 것이다. 이 경험이 이 아이를 더욱 신중하게 할 것이며 다시는 이런 일로 부모에게 떼를 쓰는 일이 없도록 할 것이다. 이 처럼 자신이 선택 한 것에 대한 책임이 얼마나 중요 한 것인지를 배운 아이와 늘 부모의 선택에 의해서 자신의 의사는 말해볼 겨를도 없이 시키는 대로 살아온 아이와는 많은 차이가 나는 것이다.

계란이 스스로 깨어 나오면 '병아리'가 되지만, 남이 깨주면 '프라이'가 된다. 한 번은 원에서 누에를 키웠다. 고치가 된 누에가 나오려고 애를 쓰는 모습을 보았다. 그래서 하나는 그냥 스스로 나오게 해주고, 다른 하나는 나오기가 쉽도록 고치를 살짝 찢어 주었다. 스스로 나온 누에는 날 수 있었지만 도와준 누에는 날 수가 없었다.

창의적인 생각과 방법으로 문제를 스스로 푸는 능력을 키워 주도록 하자. 선택해본 경험이 없이 성장한 어른은 뒤에서 딴말하는 성격을 갖기 쉬우며 모든 일에 책임감과 신중함이 떨어지는 그런 어른으로 살게 되는 것이다. 이런 어른은 사회적으로 신뢰를 받을 수가 없으며 이런 어른은 결국 성공하기 힘든 삶을 살게 되는 것이다. 이렇듯 유아기의 작은 선택 하나가 아이의 미래를 결정짓는다면 이제 부모님들은 아이에게 어느 만큼의 선택권을 주어야 할지를 고민해 보아야 할 것이다.

7. "나는 말을 사용할 수 있어요"

아이가 유치원에서 돌아왔는데 시무룩하고 별로 기분이 좋아 보이지 않았다. 엄마는 다가가서 왜 그러느냐고 다그쳐 묻는다. 아이는 더 말이 없고 결국 엄마는 스스로 맘이 급해서 "누가 때렸어?" "선생님한테 혼났어?" 등의 질문으로 아이가 "예 또는 아니오"로 그것도 고개로 끄덕일 수 있는 폐쇄형 질문을 계속 하게 된다. 이 역시 조금 기다려 보자. 아이가 생각을 정리할 시간을 주고 자신이 좀 쉬다가도 말을 할 수도 있고, 피곤하거나 아무 일도 아니기 때문에 그냥 시무룩할 수도 있는 것이다. "빨리 말해"라고 다그치지 말자. 아이가 말을 사용 할 수 있도록 기다려 주는 부모의 훈련은 정말 필요하다. 특히 조부모와 함께 사는 경우, 할아버지 할머니의 손주 사랑은 더하다. 아이에게 "왜 그래, 물? 아니면 쉬?" 등 쉴 새 없이 물어대며 아이가 말을 안 해도 되도록 모든 말을 대신 해 주신다. 그러다가 이유가 아닌 것을 계속 말하면 오히려 아이가 화를 내면서 할아버지 할머니를 혼내는 경우까지 일어난다.

적어도 이래서는 안 되겠다. 기다리는 것이 얼마나 좋은 교육인지 모른다. 특히 우리나라 사람은 "우물가에 가서 숭늉 달라"는 급한 성격이 자녀교육에까지 적용되어 유아교육기관에 빨리 눈으로 확인 할 수 있는 교육을 해달라는 주문을 한다. 외국의 교육기관을 돌아보고 우리나라의 교육기관의 현실을 돌아 볼 때 교육프로그램과 원의 환경 구성 자체가 다른 경우가 많다. 외국의 경우는 교육과정을 중요시하고 우리나라의 경우는 특히 부모님들이 눈에 보이는 결과물을 중요시한다. 그러므로 교육기관에서도 과정보다는 결과물을 내려고 아이들에게 적지 않은 스트레스를 주는 경우가 종종 있다. 공교육보다 사교육이 많은 우리나라 현실에서는 부모들의 요구를 전혀 무시할 수는 없는 것이 현실이다. 예를 들어 프로젝트 수업을 할 경우에도 프로젝트 주제를 선정하고 그 주제에 맞는 도입과 발전단계 아이들의 생각 모으기, 현장에서 수집하고 경험하며 풀어가는 전 과정이 얼마나 중요한지 모른다. 이 과정 속에서 아이들은 스스로 생각하고 문제 해결력을 기르고 지식과 정보를 습득하고 표현력과 발표력을 기른다. 이 수업으로 끝이 아니라 우리는 결과물을 가지고 오픈하우스를 하던지 전시회를 기획하여 우리의 결과물을 자랑해야만 우리의 부모들은 만족스러워한다.

눈으로 당장 확인하는 것 보다는 교육기관을 믿고 아이들을 믿고 아이들의 생각을 키우기 위한 자료수집과 가정 준비 학습 등에 최대한 협조를 하고 기다려 줄 때, 우리 아이들의 생각주머니는 더욱 커지고, 보다 건강하게 자랄 수 있는 것이다.

이 모든 과정에서 조그만 더 기다려 주면서 아이에게 자신의 생각을 말할 수 있는 기회를 준다면 우리 아이는 표현할 줄 아는 아이, 자신의 생각을 당당히 말 할 수 있는 그런 아이로 성장하게 될 것이다.

 ## 8. "어른들은 믿을 수 있다"

아이들은 어른들을 믿지 않는다. 특히 부모님의 약속을 믿지 않는다. 부모님들이 아이들과 일상의 대화 속에서 쉽게 하는 약속이 많다. "이따가 해줄게, 아빠 오시면 해줄게, 나중에 하자" 등 수많은 이유와 핑계로 아이의 요구를 피해간다. 결국 그 약속은 지키지 않으며 자녀에게 '그럴 수도 있지' 하면서 아무런 미안한 마음도 없다. 아이들은 이렇게 반복되는 실망감이 그 약속이 언제 지켜질지에 대해서 한없이 낙망을 한다. 아이들이 하는 말 중에 "엄마, 언제가 이따가야? 아직도 이따가 안 되었어요?" 등의 말도 안 되는 질문을 한다. 아이들이 이런 말을 하는 것을 들었을 때 정말 기가 막힌다.

아이들과 하는 약속은 지킬 수 있는 것만 해야 한다. 아이들이 어리다는 이유로 지키지 못할 약속을 지속할 경우에는 정말 소중한 내 아이 마음속에 "믿음"이란 없이 자라게 되는 것이다. 아이들이 성장하면서 "공부 열심히 하면 훌륭한 사람이 된다." 며 부모들은 아이들에게 지속해서 공부를 하라고 말한다. 부모에게 이미 믿음이 깨진 아이들은 절대로 부모의 이 말을 믿지 않는다. 왜? 우리 부모님은 거짓말쟁이 이니까. 그러면 부모님들은 이렇게 반문한다. 아이들이 쓸데없는 것을 사달라고 얼마나 조르는지 아냐, 그럴 때 마다 어떻게 다 사주냐고 푸념을 늘어놓는다. 그런데 아이들이 원에 와서 하는 말 중에서 "우리 아빠는 뻥쟁이야요, 그리고 맨날 방귀만 껴요.""우리 엄마는 맨날 신경질만 내구요, 맨날 이따가 해준다면서 거짓말만 해요." 이 얼마나 웃지 못 할 가슴 철렁한 이야기인지……

부모님들과 아이들의 요구에 합의점을 찾을 수 있는 방법을 하나 소개 하겠다. 일반적으로 부모님들은 아이들이 책을 많이 읽는 것을 요구한다. 책을 20권 읽었을 때 엄마에게 선물 받는 날, 50권 읽었을 때 아빠에게 선물 받는 날, 100권 읽었을 때 할아버지께 선물 받는 날 등 이런 방법으로 하면, 가정의 형편에 따라 아이들이 흥미를 가지고 책도 읽고, 자신이 목표한 것에 대한 성취욕도 가질 수 있고 부모님들에게 떳떳하게 자기가 갖고 싶은 것을 받을 수도 있다.

모든 상황에는 원칙이 있어야 하는데 아이들과 약속을 정하면서 정한 약속은 아이도 부모도 꼭 지켜야 한다. 그래야 그 약속과 원칙이 지켜져서 우리가 원하는 목표를 이룰 수가 있으며, 비록 유아기에 시작 한 일이지만 성인이 될 때까지 이어질 수 있는 좋은 습관으로 자리 잡을 것이다. 아이와 대화하다 무언가 약속을 할 일이 생기면 우선 지킬 수 있는지 한 번 생각하고, 지킬 수 있는 방법 안에서 약속을 하도록 하며, 이미 한 약속은 반드시 지키도록 하자.

두 번째 마음

"내 아이는 내 소유가 아닙니다."

자녀는 내 소유물이 아닙니다. 내가 이루고 싶은 욕망을 자녀를 통하여 이루려고 해서도 안 됩니다. 내 생각대로 자녀를 키워서도 안 됩니다. 내 생각보다 더 중요한 것은 자녀의 생각입니다. 자녀는 하나의 독립된 인격체이기 때문입니다.

1. 소유로부터의 자유
2. 자녀는 사랑으로 느끼지 못하는 스토커 사랑
3. "아이는 어항 속의 물고기입니다"
4. "부모 되기는 쉬워도 부모답기는 어렵습니다."
5. 눈 먼 최선은 최악을 낳는다.

 소유로부터의 자유

사랑은
내 마음이 따뜻해지고 풋풋해지고
더 자비스러워지고
상대방이 좋아할 게 무엇인가 생각하는 것이다.

사람이든 물건이든
바라보는 것만으로도 충분한데
소유하려고 하기 때문에 고통이 따른다.

누구나 자기 집에
도자기 한두 점 놓아두고 싶고
좋은 그림 걸어 두고 싶어 하지만
일주일 정도 지나면
거기 그림이 있는지도 잊어버린다.

소유란 그런 것이다.
손안에 넣는 순간
흥미가 사라져버린다.

하지만 단지 바라보는 것은

아무 부담 없이 보면서
오래도록 즐길 수 있다.
소유로부터 자유로워야 한다.
사람도 인간관계도 마찬가지다.

- 법정 '살아있는 것은 다 행복하라' 중에서 -

당신의 자녀는 당신의 것이 아닙니다.
그들은 생명이고 아들이고 딸입니다.
당신을 통하여 왔지만 당신에게서 온 것이 아닙니다.
또한 당신과 함께 있으나 당신 것은 아닙니다.

그들에게 사랑을 줄 수는 있으나 생각은 줄 수 없습니다.
왜냐하면 그들은 자기의 생각이 있으니까요.
당신은 그들의 몸은 가둘 수 있어도 그들의 마음은 가둘 수 없습니다.
왜냐하면 그들의 마음은 미래의 집에 거하니까요.
당신은 그 곳을 방문조차 할 수 없습니다. 꿈속에서라도.

당신이 그들처럼 되고자 해도 좋으나
그들을 당신처럼 만들고자 하지는 마십시오.
왜냐하면 인생은 과거로 가는 것도 아니며 어제에 머무르지도
않기 때문입니다.

- 칼린 지브란의 "당신의 자녀는 당신 것이 아니다."中에서 -

부모가 자녀를 소유하려면 자녀는 부모로부터 점점 더 멀리 떠나려한다.
부모가 자녀를 소유하는 만큼 자녀는 구속이라 생각하고 거부감을 느낀다.
자녀를 소유하고 싶은 마음으로부터 자유해질 때 비로서 부모는 자녀에게 사

랑을 전할 수 있다. 부모가 자녀에 대한 소유욕은 버리고, 믿음 · 기대 · 희망의 눈으로 자녀를 바라볼 때 자녀는 자기의 세계를 가지고 자녀의 삶을 살아가는 사회에 유익한 독립된 존재로 성장할 수 있다.

 ## 자녀는 사랑으로 느끼지 못하는 스토커 사랑

　가끔 방송에서 연예인들 소식에서 스토커를 당했다는 보도를 들을 때가 있다. "스토커" 생각만 해도 무서운 말이다. 나의 마음과는 상관없이 집착에서 벗어나지 못하는 정신 질환 중의 하나이다. 그런데 자녀에 대해 이 스토커 사랑이 넘쳐 나고 있다. 한국의 부모들은 자식 사랑을 스토커 사랑처럼 하는 경우가 많다. 스토커는 상대방이 싫어함에도 불구하고 계속 자기 사랑을 강요하는 것을 말한다. 자녀는 그것을 사랑이라고 생각하지 않는데 부모는 그것이 사랑이라면서 계속 자녀에게 요구하고 부모가 바라는 방향으로 끌고 가고자 한다. 바로 이것이 스토커 사랑인 것이다.

　소유하고 지배하고 조정하려고 하는 집착은 진정한 사랑이 아니다. 부부들이 사랑으로 시작했다가 서로 "소 닭 보듯이" 사는 것은 어느 순간 내 사람이라는 집착 때문에 간섭하고 잔소리하고 구속하려하기 때문에 그런 현상이 나타나는 것이다. 그런 감정이 들 때는 내 감정의 속도를 늦추는 것이 지혜라고 하겠다. 연애를 할 때도 마찬가지이다. 내 감정이 앞서면 상대방을 내게서 멀리 떠나가게 하는 것이다.

　스토커 사랑은 일방적 사랑이다. 스토커 역시 스스로는 사랑을 하고 있다고 말한다. 사랑하기 때문에 그런 행동을 한다고 말한다. 스토커 사랑이 잘못된 사랑이라는 것을 누구나 잘 안다. 하지만 부모와 자녀 사이에 의외로 이런 스토커 사랑이 많다. 자녀는 그것이 싫은데, 부모가 일방적으로 사랑이라는 이름으로 행하는 모든 것은 스토커이지, 진정한 사랑이 아니다. 잘못된 사랑은 여러 가지 자녀교육의 문제로 이어진다.

부모들이 자녀를 사랑한다고 하는 행동들이 실제로는 자녀에게 상처를 주는 경우가 많다. 사람들은 멀리서 상처 받지 않는다. 자기가 사랑하는 사람에게서 상처를 받는다. 자기와 가장 가까운 사람에게서 상처를 받는다. 자녀에게 가장 가까운 사람은 그 부모이다. 그래서 부모로 인한 상처로 평생을 고생하고 그 상처를 대물림하는 경우는 너무도 흔한 일이다. 상처는 드러내면 낫는다. 감추면 곪아 터진다. 자녀의 상처든, 부모의 상처든 그것을 제대로 인식하고, 있는 그대로 인정하고, 그것이 내 모습임을 받아들이면 그 상처는 사라지고, 오히려 강력한 삶의 동기로 작용할 것이다.

아이들이 느끼는 상처나 고통, 고난을 약이 되게 하느냐, 독이 되게 하느냐는 가장 가까이에 있는 사람이 얼마나 잘 공감해주고 길잡이 노릇을 해주느냐에 달렸다. 그것이 부모 역할이다.

행복한 자녀교육은 어쩌면 어려운 것이 아니다. 자녀를 부모가 끌고 가려고 하면 부모도 자녀도 힘들다. 부모는 사랑이라고 하는데, 자녀는 간섭으로 느낀다. 부모와 자녀는 인격적으로 독립체이다. 부모가 자녀를 독자적인 존재로 인정하고, 그 욕구와 마음, 감정을 이해하며, 제대로 사랑할 때 행복한 자녀교육이 열리는 것이다.

− 전성수교수의 〈행복한 자녀교육〉발췌 인용 −

 ## "아이는 어항 속의 물고기입니다"

오래전에 집에서 어항을 여러 개 놓고 물고기를 기른 적이 있다. 하루는 물고기 한 마리가 눈이 썩어 들어가는 병에 걸렸다. 며칠 뒤에 다른 물고기들도 같은 병을 앓게 되었다. 우린 얼른 병든 물고기를 분리 시켰다. 그러자 더 이상 다른 물고기들에게 전염되지 않았다.

요즘 사회 현상을 보면 잘 이해가 될 것이다. 성격 파탄자의 이상한 행동으로 멀쩡한 시민이 살해되는 경우, 미국에서 일어난 총기사건, 요즘 너무 많이 일어나는 성폭력 사건, 무서운 학교 폭력사건에 이어지는 자살, 왕따 등이 그 예가 될 수 있다. 우리 아이만 잘 키워서는 안 되는 것이 현 사회의 특징인 것이다. 잘 키운 내 아이가 소외된 다른 아이로 인해서 피해자가 될 수 있기 때문이다.

우리는 사회라는 물속에서 함께 놀고 같은 것을 먹고 자란다. 내 물고기에게만 입을 벌려서 좋은 것을 먹이려고 해도 오히려 상할 뿐. 우리가 기대하는 것을 얻을 수가 없다. 내 것은 특별하니까 다른 물에 분리해서 혼자만 자라게 하면 더더욱 불행한 물고기가 되고 만다. 함께 어우러져서 좋은 것을 함께 나누며 살아가는 법을 알도록 가르쳐야 하는 것이다.

이제 혼자 살아가는 시대는 지나갔다. 내 아이만 잘 키우려고 하지 말라. 아이들은 어항 속의 물고기와 같다.

4. "부모 되기는 쉬워도 부모답기는 어렵습니다."

　요즘 사회에는 수많은 자격증이 있다. 작은 일 하나만 하려해도 자격증이 있어야 하는 시대이다. 대학을 졸업하는 학생들을 보면 얼마나 많은 자격시험을 보는지 모른다. 취업을 위한 다양한 스펙을 갖추기 위해서 4년 안에 졸업하기도 힘들다고 한다. 그런데 그 많은 자격증 중에 "부모자격증"은 없다. 자녀를 키우는 것만큼 중요한 일이 없는데 우리는 부모교육 한 번 받아보지 못하고 그냥 부모가 되는 것이다. 그래서 아이를 재우는 것도, 울 때 달래는 법도, 아플 때 대처하는 법도, 우리의 부모님께 의지하던지 아니면 수없이 당황하고 많은 시행착오를 거쳐서 터득해 나가기 일쑤다. 어느 정도 이해가 될 때면 이미 우리의 아이들은 다 자라버리고 난 다음이다. 스웨덴의 경우에는 결혼 전에 부모교육과정을 이수해야지만 결혼을 할 수 있는 제도가 있다. 교육현장에서 부모의 역할이 얼마나 중요한지를 느끼는 나로서는 얼마나 소중한 제도인지 모른다. 한 가지 제안을 해본다면 우리나라 대학 교육과정에서 필수 교과목으로 "부모교육"이 있었으면 좋겠다.

　요즘은 유아교육기관에서 부모교육을 실시하는 곳이 많아졌다. 그런데 부모님들의 참여율은 그리 높지 않다. 아이를 잘 키우고 싶은 욕심은 있으나 그 중요한 일을 위하여 공부해야하는 중요성은 미처 깨닫지 못한 것 같다. 지자제에서도 부모교육의 중요성을 깨달아 지역주민들에게 무료로 부모교육을 실시해주는 곳이 늘어나고 있는 실정이지만 이 역시 참여율은 그리 높지 않다고 한다. 한국지역사회교육협의회에서 지자제 예산을 받아 강남구를 시작으로 학교에 부모교육과정을 시작하였는데 반응이 좋아 지역을 점점 확산해 가고 있다는 소식을 들었다. 얼마나 반가운 소식인지 모른다. 좋은 것을 좋게 볼 수 있는 시각이 왜 교육특구인 강남구에서인지도 우리 스스로가 자각해야 할 내용이다. 어린이집, 유치원 등에서도, 거의 모든 구청에서 무료로 실시하는 좋은 부모교육 내용도 우린 받아들이지 못하고 마음만 앞서 부모님이 생각하고 있는 것이 최선인줄 알고 잘 자랄 것이라는 막연한 기대를 갖고 교육받는데 태만하다면 우리 아이들의 미래를 얼마나 어둡게 할런지는 아무도 모른다. 오랜 세월 유아교육을 해온 필자로서는 부모와 아이를 보면 부모의 무지함, 혹은 부모의 과잉 간섭, 부모의 잘못된 확신 등에 의하여 너무 괜찮은 아이의 좋은 역량을 막고 있는 것을 많이 본다. 이 아이가 어느 정도까지 될는지 눈에 보일 때가 많다. 이럴 때 조언을 해줘도 잘 듣지 않는 부모를 볼 때 얼마나 안타까운지 모른다.

부모 되기는 쉬워도 부모답기는 어렵다. 이제 공부해서 "개천에서 용 나는 시대"는 지나갔다. 부의 세습시대가 우리 앞에 왔다. 할아버지가 재력가일 때 우리 아이도 부자가 될 가능성이 높다는 연구결과도 있다. 그렇다면 그렇지 못한 가정에서는 포기하고 말 것인가? 이 시대가 요구하는 인재로 우리아이를 잘 키워야 되지 않을까? 그러기 위해서 아이를 잘 키우는 방법을 공부 해야만 되는 것이다. 적어도 내가 부모라면 부모다운 부모가 되도록 최선의 노력을 다 하여야한다. 눈 먼 최선은 최악을 낳을 뿐이다.

눈 먼 최선은 최악을 낳는다

소와 사자가 있었습니다.
둘은 죽도록 사랑합니다.
둘은 혼인해 살게 됩니다.
둘은 최선을 다하기로 약속합니다.

소가 최선을 다해서
맛있는 풀을 날마다
사자에게 대접했습니다.
사자는 싫었지만 참습니다.

사자는 최선을 다해서
맛있는 살코기를 날마다
소에게 대접했습니다.
소도 괴로웠지만 참았습니다.

참을성에는 한계가 있습니다.
둘은 마주앉아 얘기합니다.
문제를 잘못 풀어놓으면
큰 사건이 되고 맙니다.

소와 사자는 다툽니다.
끝내 헤어지고 맙니다.
헤어지며 서로에게 한말,
『난 최선을 다 했어』였습니다.
소가 소의 눈으로만 세상을 보고,
사자가 사자의 눈으로만 세상을 보면
그들의 세상은 무인도입니다.

나 위주로 생각하는 최선
상대를 못 보는 최선
그 최선은 최선일수록
최악을 낳고 맙니다.

- 박 해 조 -

세 번째 마음

"자녀교육에는 원칙이 있어야 합니다."

자녀를 훈육할 때 기준이 되는 것과 안 되는 것의 원칙이 있어야 한다. 아이가 위험한 것을 만지려고 한다면 모든 부모들은 급하게 절대로 안 된다는 것을 가르칠 것이다. 그러나 잘못된 행동에 있어서는 너무 관용하게 되므로 아이들의 버릇은 점점 나빠지는 것이다. 교육에 있어서는 끊임없이 자극을 주고, 일관성 있게 대하며, 대부분의 것은 놀이로 배우게 하자. 그리고 무슨 일이든지 아이 스스로 자발적으로 하게 하자. 아이의 활동에는 골키퍼처럼 지속적으로 관찰하고 관심을 가져야 하며, 문제 상황 시에는 아이들 스스로 문제해결력을 갖도록 기다려주자. 그리고 때로는 아이의 실수를 허용해주기도 해야 한다.

1. 1세~만3세경의 아이의 심리
2. "자녀교육에 원칙을 세워라"
3. "바람직한 부모의 양육태도"
4. "아이에게 끌려가는 부모와 이끌어 주는 부모"
5. 말을 할 때는 진지하게, 지시할 때는 분명하게"
6. 인성교육은 두 번째?

1. 1세~만 3세경의 아이의 심리

이때의 아이들은 스스로 뭔가를 하고 싶은데 할 수 없기 때문에 짜증을 부리고 화를 낸다. 다시 말해 이 시기의 아이들은 스스로 하고자 하는 자립심과 엄마가 해주기를 원하는 마음이 함께 하고 있다. 이 모순된 두 가지 기분을 갖고 있는 시기를 재접근기'라고 부르며, 아이의 성장과정에서 반드시 거쳐야만 되는 단계이다. 재접근기는 아이가 자신과 엄마는 다른 사람이다.'라는 것을 깨닫기 시작하면서 정신적으로 자립해 가는 과정이다. 재접근기 이전의 아이는 비록 엄마와 몸은 떨어져 있지만 마음은 같을 것이라고 생각한다.

예를 들면 아이가 팽이를 가지고 놀려고 할 때 자신은 돌리지 못해도 엄마가 돌려주면 1세 이전의 아이는 그 것만으로도 즐거워한다. 이것은 엄마가 한 것도 자신이 한 것처럼 느끼기 때문이다. 즉, 재접근기에 들어서기 전인 1세 반 이전의 아이는 엄마가 기쁠 때 함께 기뻐하고 엄마가 불안해 할 때 함께 불안을 느끼면서 모자간에 같은 감정이나 정서를 공유하고 있다.

태아 때 육체적으로 엄마와 일체였던 것과 마찬가지로 출생 후에도 엄마와 아기는 정신적으로 한 몸인 셈이다. 그것이 1세 반부터 재접근기를 지나는 3세경이 되면 서 아이자신의 독자적인 세계를 갖게 된다.

미국의 아동 정신과 의사인 마가레트 마라'는 3세경을 어린이의 심리적 탄생'이라 고 한다. 그 준비 기간이 1세 반부터 2세경의 재접근기인 것이다.

자신과 엄마는 다른 존재라는 것을 인식하기 시작하는 재접근기는 아이에게 있어서 '자기 스스로' 라는 것이 대단히 중요하다.

앞에서 밝힌 바와 같이 엄마가 팽이를 돌려주어도 자기가 한 것과 같은 기분이 들지 않으므로 만족하지 않는다. 스스로 하는 것을 의미 있게 생각하기 때문에 엄마가 해주거나 대신 해주는 것이 자신의 즐거움이 되지 못한다. 그래서 '내가 하고 싶다. 그런데 할 수 없다. 그래도 엄마가 해주는 것은 싫다.' 이러다 보니 자연히 짜증을 부리게 된다. 이 시기의 아이들이 제일 잘 하는 말이 "내가 할 거야"이다.

아이가 '자신' 을 중요하게 여기기 시작한다는 것은 엄마로부터 정신적으로 분리되어 자립한다는 의미이다. 그러나 떨어지면 당연히 불안해한다. 아이는 스스로 하고 싶은 마음이 있다가도 어느 순간에는 엄마가 해주기를 원하는 마음이 생기므로 이렇게 저렇게 해주어도 만족하지 못하고 짜증을 부린다. 이것은 아이의 마음이 흔들리고 있기 때문이다.

이때에는 아이가 안정될 때까지 옆에서 지켜본다. 아이가 짜증을 부려 화가 나더라도 '평상시엔 착한 아이다' 라는 생각을 갖고 옆에 있어 준다. 그리고 안정이 되면 아이가 스스로 하도록 방향을 바꾸거나 도와주도록 한다. 이것을 반복하면 아이는 불안에서 벗어나서 점차 자립하게 된다. 이렇게 해서 재접근기는 끝나고, 다른 마음을 가진 다른 인간으로서 엄마와 아이의 친밀한 교제가 시작 된다

어린이의 투정, 응석, 떼쓰는 모습과 안절부절못하는 부모들의 모습을 보고 있노라면 현대 가정에서의 양육태도에 따른 원인 및 지도방안이 무엇인가 크게 잘못되어가고 있음을 짐작할 수 있다. 그 원인은 현대 가정의 특징에서 찾아볼 수 있다. 현대 가정은 점차 한 자녀 시대로 접어들었고, 그래서 자녀의 상대적 가치는 크게 높아졌으며, 부모에게는 절대적 존재자의 자리를 차지하게 되었다. 이로 인해 부모들은 합리적이고 이성적인 방법으로 자녀 훈육을

하기보다 오히려 양극단의 해로운 양육 방법을 채택하기 쉽다는 것이다. 그 하나가 바로 '과다 수용적'이라는 현상이다.

영리한 어린이는 부모에게 가장 잘 통하는 방식에 의해 부모를 통제하는 법을 익히게 되는 셈이다. 다른 하나는 너무나 귀중한 자녀이기에 혹시 '잘못된 일'이 발생할까봐 염려하여 어린이 스스로 하게 하기보다 부모가 어린이의 제반사를 직접 대행하여 주는 '과잉 보호적' 태도이다. 어린이로 하여금 스스로, 자발적으로 하게 하기보다 부모가 대신 하여 주는 경우가 많다는 점이다. 요즘 어린이들은 버릇없고 응석받이고, 떼만 쓰는 것처럼 보인다. 이에 대한 많은 원인 제공은 바로 부모들임을 부정할 수 없을 것이다. 어린이는 각 발달 시기에 체험해야 할 것들이 있다. 엄마로부터 완전한 보호와 사랑을 받아야 할 때가 있는가 하면, 또는 또래와 더불어 티격태격 하면서 어울려 놀이하는 때가 필요하며, 부모의 간섭이나 지시 없이 혼자만의 시간과 결정을 필요로 하는 때가 있다.

아기의 성격은 타고난 기질적인 부분을 뼈대로, 부모의 양육 태도 등 환경적인 영향을 받으며 조금씩 살이 붙는 것이다. 고집도 마찬가지이다. 2세 전까지는 타고난 기질에 따라 양순한 아이, 고집 센 아이 등 각양각색이다. 2세부터는 자의식이 강해지고 자기중심적인 욕구가 강해져서, 그 것이 좌절되었을 때 곧잘 화를 내고 울화를 터트린다. 순한 아이건 드센 아이건 모두 일단 '고집'으로 자기 자아를 표현하고, 이 때 엄마가 아이의 고집에 어떤 방법으로 대처하느냐에 따라 5세 이후 아이의 성격이 크게 달라지게 된다.

떼쓰는 버릇을 고치려면 부모가 일관성 있게 행동하는 것이 중요하다. 아이가 뭔가를 사달라고 조르면 먼저 아이에게 그 물건이 필요한 이유를 물어보는 게 순서다. 들어줄 수 없을 때는 "집에 비슷한 게 있잖니" 등 이유를 달아 설명한다. 일단 "안 된다"고 말을 했을 때는 아무리 떼써도 사주지 않아야 한다. 아이가 아무리 떼를 쓰더라도 안 되는 일이 되지는 않는다는 것을 아이가 깨닫도록 무관심한 태도를 보이는 것이 좋다. 그러나 약속했으면 반드시 지켜야 한다. 아이가 떼를 쓸 때 아이의 갈등은 이해하지만 그 표현 방법은 인정할 수 없다는 태도를 취해야 한다. 또한 부모가 자신도 자아를 잃고 분노를 즉각적으로 표현하지 않도록 주의해야 하며 아이에게 감정을 통제하는 좋은 본보기를 보여 주어야 한다.

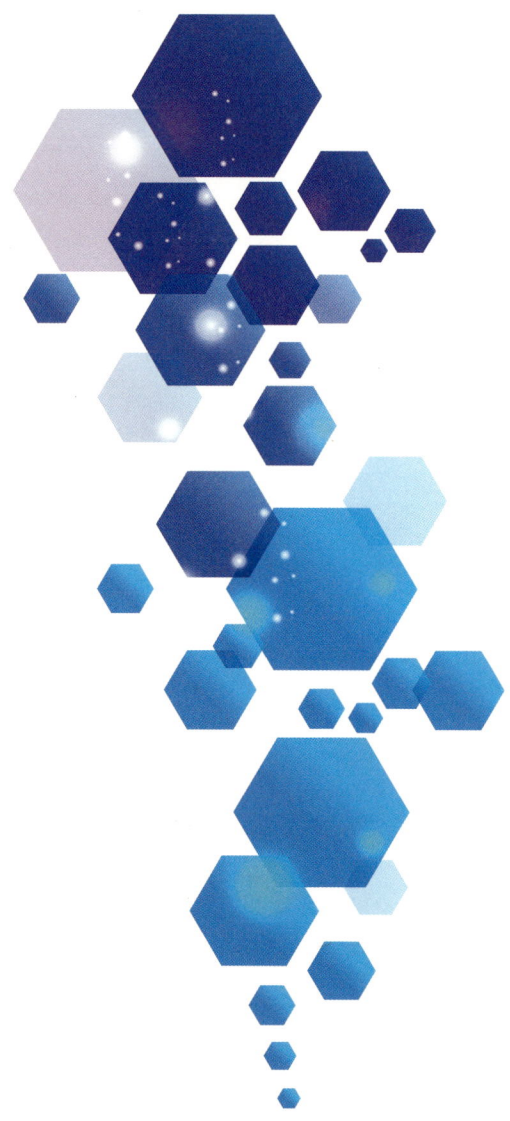

 ## "자녀교육에 원칙을 세워라"

TV 프로그램 중에 "우리 아이가 달라졌어요."라는 것을 보게 된다. 그 프로그램을 보고 있으면 모두들 한숨이 절로 나온다. '아이를 어떻게 키워서 저 모양이지.' '저 부모는 어떻게 살아' '어머, 위험해' 하며 모두들 기가 막혀 한다. 아이의 문제 행동을 보고 많은 사람들이 해결책을 마련하느라 바쁘다. CCTV로 아이의 행동과 부모의 반응 등을 살피고 솔루션회의를 하고 여러 차례의 협의를 거친 후에 방법을 제시한다. 이 프로그램을 보면서 부모와 자녀에 대한 안타까움을 금할 수가 없다. 결국 해결책은 아이의 마음을 읽어주는 것과 부모의 원칙 있는 일관성 있는 행동이 그 답이다. 어떤 경우에라도 거의 해결책은 그 것이다.

사랑받고 싶고, 인정받고 싶고, 내 말을 좀 들어줬으면 좋겠고……어려서부터 채워지지 않은 아이의 욕구가 많을수록 아이의 마음은 숨겨져 왔고, 아예 무시되어온 경우가 많다. 아이의 마음이 우는 소리를 들으려고 노력해야 한다.

때로는 자녀에게 미안한 마음에, 부모는 원칙을 지키지 못할 때도 자주 있고, 때로는 부부싸움의 화살이 아이에게로, 때로는 부모가 무지해서 아이를 어떻게 양육하는 방법을 몰라서, 바빠서 아이를 방치하기도 하고 등 이유도 많다. 하지만 이 세상의 모든 아이들은 사랑받고 싶어 한다. 그 사랑을 목이 마르게 원하는데 아무도 아이를 쳐다보지도 않는다면 이 아이는 병들어 갈 수 밖에 없는 것이다. 그래도 참 고마운 것은 아직 아이이기 때문에 해결책이 나올 수 있다는 것이다. 아이들은 하얀 도화지 같아서 무슨 물감을 흘리느냐에 따라 바로 바로 흡수 할 수 있기 때문에 그 가능성이 있는 것이다.

거듭 말하지만 자녀교육에는 원칙이 있어야 한다. 모든 세상살이에도 마찬가지이다. 원칙이 있는 배려야 말로 최고의 해법인 것이다. 아이를 사랑하는 것도 아이에게 배려하는 것도 원칙이 있어야 한다. 되는 것과 안 되는 것의 분명한 선이 있어야 한다.

아이가 뜨거운 물을 쏟으려고 한다면 어떻게 하겠는가? 오늘은 내 기분이 좋으니 쏟아도 되고, 내일은 내 기분이 나쁘니 쏟으면 혼이 나고 그럴 수는 없는 것이다. 원칙이 없는 양육 방식은 아이를 떼쓰는 아이, 고집불통, 원칙이 통하지 않는 아이로 성장하게 하는 것이다.

먼저 아이를 품에 안고 사랑을 속여 주자 "넌 이 세상에서 가장 소중한 아이야" "엄마는 너를 사랑해" 늘 사랑에 목마르지 않도록 사랑의 메시지와 스킨십을 하되, 안 되는 것은 언제나 안 되고 되는 것은 언제나 되는 원칙을 세워서 자녀를 양육한다면 우리의 아이는 아주 바람직하게 마음은 따스하면서 질서 있는 아이로 성장하게 될 것이다.

 ## "바람직한 부모의 양육태도"

앞에서 살펴본 바와 같이 부모의 양육태도는 얼마나 중요한지 더 이상 언급하지 않아도 된다. 그렇다면 바람직한 부모의 양육태도를 정리해보자.

첫째, 항상 어린이를 진실 되게 대해주며 무리한 요구를 하여 자녀에게 상처를 주고 자신 또한 실망을 하는 일을 하지 않는다.

둘째, 어린이들이 무엇을 어떻게 느끼고 있는지를 관찰하여 찾아낸다. 아이들의 입장에서 아이들과 같은 생각으로 바라볼 수 있는 연습을 한다.

셋째, 언제나 감정을 차분히 하도록 노력하여 아이를 적대시하거나 심한 벌을 주거나 과장된 행동을 하는 것을 피해야한다.

넷째, 정직하고 희생적인 사랑을 충분히 줘야한다.

다섯째, 양육방법 및 태도는 일관성을 가지고 해야 한다.

여섯째, 가정이외에 외부적 사회 환경과 접촉 할 수 있는 기회를 많이 주어야 한다.

4. "아이에게 끌려가는 부모와 이끌어 주는 부모"

요즘 아이들의 공통적인 특징 중에 하나가 고집이 센 아이이다. 이 고집을 어떻게 꺾을 것인가? 부모님들은 늘 고민하게 된다. 너무 고집을 꺾자니 아이가 기죽지 않을까? 걱정이고 그냥 놔두자니 하루 종일 떼쓰고 조르는 아이… 아이들은 자아가 형성 되면서 부모의 말을 그대로 따르지 않고 반항을 하기 시작한다. 타이르고 어르고 위협도 해보지만 결국은 부모가 두 손, 두 발 다 들고 항복하게 된다. '어떻게 하면 아이들에게 규칙을 알게 하고 올바른 생활을 하게 만들 수 있을까?' 부모로서 심각한 고민이 시작되는 순간이다. 아이 문제로 부부간의 다툼도 생기는 시기이기도 하며, 서로 누구를 닮아 그러느냐고 원인을 상대에게 넘기기 일쑤이고 매를 들어 아이를 혼내다가 더 속상한 마음에 아이문제로 부부가 서먹해지기도 한다.

그럼 아이들은 왜 그럴까? 아이들의 잘못만은 아니다. 거기에는 여러 원인이 있다. 아이의 입장에서 보면 예전에 이미 부모님이 약속을 지키지 않은 경험 때문에 순순히 말을 하면 자신이 원하는 것을 얻어 낼 수 없다는 결론을 얻었었기 때문에 최대한 반항하고 떼를 쓰는 것이다. 아이가 적당히 하면 부모는 소리를 지르거나 겁을 주기도 한다. 그러기 때문에 영리한 아이일수록 자신이 원하는 것을 즉시 얻어내기 위하여 심하게 조르게 되는 것이다. 지금 생각해보면 나 역시 어린 시절 손님이 오셨을 때 부모님께 떼를 써서 내가 필요한 것을 얻어 낸 적이 자주 있었다.

아이들도 부모에게 불만이 있을 수 있다. 아이는 칭찬 받고 싶어 하는데 부모는 잔소리만 하고, 아이가 잘하는 것도 있는데 부모는 잘하는 것은 못보고 옆집아이와 비교하고, 부모의 그날 그 날의 감정을 아이에게 어떤 때는 잘 해주다, 어떤 때는 안 된다고 하고 이런 일관성 없는 부모의 행동이 아이를 혼돈스럽게 하는 것이다.

부모는 일관성 있는 행동으로 아이에게 믿음을 주어야 하는 것이다. 그래서 아이에게 끌려가는 부모가 아니라 아이를 이끌어 주는 부모가 되어야 하는 것이다.

 **"말을 할 때는 진지하게, 지시할 때는 분명하게"**

자녀에게 믿음을 보여주고 똑 부러지게 가르치는 부모를 위한 10계명이 있다.

1. 자녀교육 원칙을 세워라.

2. 아이를 가르칠 수 있다고 믿어라.

3. 원하는 것을 못해준다고 죄의식을 느끼지 마라.

4. 아이의 잘못에 감정적으로 대응하지 마라.

5. 말할 때는 진지하게 하라.

6. 아이에게 분명하게 지시하라.

7. 나쁜 행동을 용인하지 마라.

8. 아이 스스로 경험하고 깨닫게 하라.

9. 일관되게 행동하라.

10. 행복한 가정을 만들어라.

6. 인성교육은 두 번째?

    이 세상의 모든 부모들은 자기 자식이 성공하기를 바란다. 나보다는 더 나은 삶을 살게 하고 싶어서 많은 수고를 아끼지 않는다. 심지어는 자녀 학원비를 벌기 위하여 노래방 도우미를 한다는 기사를 읽은 적도 있다. 그렇다면 과연 내가 하고 있는 방법이 자녀를 성공으로 가게 하는 좋은 방법인지를 한번 짚고 넘어가야 할 일이다. 앞에서도 언급했듯이 눈 먼 최선은 최악을 낳기 때문이다.

    유아기부터 청소년기까지 아이들의 공부는 쉼이 없다. 어려서부터 "공부, 공부" 도대체 그 공부가 우리를 어떤 자리로 가게 하기에 그렇게 수없이 외치는가? 과연 그렇게 외쳐서 모든 아이들이 다 공부를 잘하게 되었는지…… 부모가 원하는 대학에 입학하고 졸업을 했다고 해서 아이가 행복한 삶, 안정된 삶을 살고 있는지…… 등 등 우리는 수많은 의문을 가질 수 있다.

    사회생활을 하면서 사람의 인성이 얼마나 중요한 것인지는 시간이 갈수록 더 절실하게 느낀다. 예를 들어서 영어를 좀 못하거나 제 때 공부를 안했거나 하는 것은 이제 평생학습의 시대이기 때문에 문제가 되지 않는다. 그런데 유아기 때 인성교육이 제대로 되지 않은 사람은 어떻게 해보려고 해도 잘되지 않는다. 그 것이 바로 발달의 적기의 중요성을 입증해 주는 것이다. 어려서는 친구관계, 어른이 되어서는 동료관계, 가족관계, 수많은 사람들과의 사회적 관계에도 좋지 않은 영향을 미친다. 자기 감정표현도 서투르다. 화를 곧잘 내기도 하고 겸손하지 못한 행동이 주저 없이 나오기도 한다. 다른 사람에게 감동을 주기는커녕 불쾌감을 주기 일쑤다. 아무리 능력이 있다손 치더라도 이런 사람이 사회에서 인정받기는 이미 힘든 세상이 되어 버렸다. 예전에 필요로 했던 지식은 이미 인터넷 검색만 해도 몇 초 안에 답을 얻을 수 있기 때문이다. 또한 나보다 능력 있는 사람이 나타나면 나는 바로 아웃이 될 수 있다.

어려서 인성교육은 절대로 시시한 것이 아니다. 교사도 부모도 관심을 가지고 최우선적으로 교육시켜야 될 덕목인 것이다.

인성을 갖춘 후에는 자기가 좋아 할 수 있는 일이 무엇인지를 찾는 것이다. 아이들의 학습도 우리아이가 무엇에 흥미를 보이는지를 교사도 부모도 늘 관심을 갖고 봐 주어야 한다. 자기가 좋아하는 일을 할 때 경쟁력이 생기기 때문이다. "노력하는 사람이 즐기는 사람을 이길 수 없다"는 말이 있다. '내가 좋아하는 일을 하는가?'를 수없이 되 뇌이며 자신의 길을 갈 수 있도록 도와야 할 것이다.

아무리 좋아 하는 일을 한들 그 사람의 기본 인성이 갖춰져 있지 않는다면 그 사람은 많은 실패를 경험하게 될 것이며 진정한 성공은 아마 힘들 것이다. 무엇보다도 아이의 인성교육에 힘을 쏟자. 인성은 훈련으로 되는 것이지 이론으로 되는 것이 아니기 때문에 어린 시절 부터 차곡차곡 잘 갖춰야 할 덕목인 것이다. 잘 갖춰진 인성이 인생에 있어서 든든한 뿌리를 갖는 것과 같은 것이다.

네 번째 마음

"부모와 아이의 감정다스리기"

부모와 아이가 대화를 하다보면 쓸데없는 감정싸움을 할 때가 있다. 아이의 욕구를 잘못 읽고, 부모의 생각대로 말해버려 아이의 마음을 더욱 상하게 되어 대화의 문을 닫아버리는 경우도 종종 있다. 아이의 마음! 그냥 "그렇구나, 속상했구나." 해주면 되는데……

1. "아이의 잘못에 감정적으로 대응하지 말라"
2. "아이가 화가 났을 때"
3. "아이를 가르칠 수 있다고 믿어라"
4. "부모가 죄책감을 느낄 때"

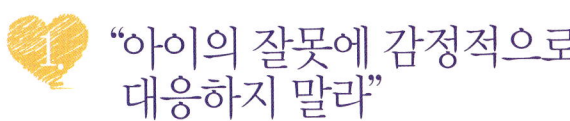"아이의 잘못에 감정적으로 대응하지 말라"

아이들은 하루에서 수차례 잘못을 저지른다. 위험한 짓도 하고, 떼를 부려 부모를 곤란에 빠지게 하기도 한다. 아이 때문에 우는 엄마도 여러분 보았다. 어떤 아이는 부모를 약을 올리는 아이도 있다. 일명 "뺀질이"라고도 한다. 하루 종일 뺀질뺀질 하며 부모 말은 절대로 듣지 않고, 남이 있을 때는 더더욱 말을 듣지 않는다. 이 때 부모는 참다못해 사용하는 방법은 감정에 북받치어 매를 든다. 매를 심하게 때려야 아이는 매에 못 이겨 조금 숙여진다. 하지만 그 때뿐이다. 또 다시 그 상황이 되면 아이도 부모도 같은 일을 반복하게 된다.

반면에 어떤 아이는 원에서 하는 행동과 집에서 하는 행동이 완전히 다르다. 자신이 잘못한 것은 다 빼고 친구들이나 선생님 탓으로 모든 이야기를 한다. 부모는 아이가 너무 똑똑해서 모든 상황을 정확히 말한다고 생각을 하신다. 이미 너무 아이의 말에 확신을 갖고 있어서 교사의 설득이 전혀 이뤄지지 않는다. 그렇게 부모와 교사를 조정하면서 아이는 원에서 심한 장난과 함께 너무 위험한 행동을 서슴지 않고 한다. 교육은 가정과 원에서 함께 이뤄져야 하는데 가끔은 이런 어려움이 있을 때도 있다.

아이가 잘못을 했을 때에는 감정적으로 야단치거나 매를 들지 않아야 한다. 떼쓰는 아이보다 더 크게 소리 지르는 엄마를 보고, 아이는 일시적으로 엄마의 말을 들을 수는 있다. 그러나 지속적인 효과는 기대할 수 없다. 그 순간이 지나면 아이는 이런 엄마의 충동적인 행동을 그대로 배우기 때문에 좋지 않다. 또한, 아이에게 휘말리지 말아야 한다. 이렇게 말을 하면 아이들을 너무 나쁘게 보는 것이 아니냐고 반문할지 모르지만 아이들은 우리가 생각하는 것처럼 그렇게 단순하지가 않다. 우리가 키우고 있는 이 아이들은 이미 생후 2개월부터 눈치가 있는 분들이다. 그러기 때문에 부모의 반응을 이미 다 파악하고 있다. "아들 둘을 키우고 나면 목소리만 커진다."라는 말이 있다. 이것은 잘못된 말이다. 목소리로 아이를 잡으면 점점 더 큰소리를 내야하고 매로 아이를 잡으려면 점 점 더 큰 매를 들어야 한다.

부모는 절대로 감정대로 아이를 대하면 안 된다. 아이의 양육방식은 항상 원칙이 있는 배려로 대응하고, 아이를 혼낼 때는 소리로 매로 혼내는 것이 아니라 눈빛으로 아이를 혼내는 것이다. 길을 걷다보면 무서운 개가 으르렁거리면서 몸을 치켜세운다. 그 것은 상대가 무서워서 미리 겁을 먹고 대응하려고 하는 행동이다. 그 때 더 큰 몸짓과 더 무서운 눈빛으로 개를 쳐다보면 개는 뒷걸음질 치게 된다. 아이들도 마찬가지이다. 눈빛으로 되는 것과 안 되는 것에 대해서는 단호히 말을 해주어야만 한다. 그러면 일관성 있는 부모의 행동과 강한 눈빛으로 아이는 부모에게 반항하지 않게 되는 것이다. 부모는 어른이다. 아이를 감정적으로 대하지 말고 의연한 태도로 대하여야 한다.

아이들의 잘못된 행동을 강조하고 지나치게 야단을 치지 않는다. 고집스러운 행동을 하면 야단치지 말고 외면해 버리고, 바람직한 행동에 대해서는 적극적으로 보상을 해주어 좋은 행동을 강화시켜 준다. 꼬옥 안아주거나 스티커 등을 주고 모으게 해서 나중에 아이가 가장 원하는 선물을 주는 등으로 보상해주면, 자연스럽게 바람직한 행동을 강화시키는 한편, 떼쓰는 행동을 줄여 나갈 수 있다. 안 된다고 하다가도 아이가 자지러지게 떼를 쓰면 엄마들은 대개 손을 들게 되는 데, 엄마의 이런 일관되지 않은 태도는 아이에게 떼를 쓰면 들어준다는 생각을 갖게 한다. 아이가 아무리 떼를 쓴다고 해도 들어줄 것과 절대 들어줄 수 없는 것에 대해 가르쳐야 한다. 안 된다고 단호하게 말하는 것이 반복되면, 아이는 안 된다고 한 것에 대해서는 더 이상 떼를 써도 소용이 없다는 것을 터득하게 된다.

고집스러운 아이에게 엄한 태도로만 일관한다면 반발심을 불러일으키기 쉽다. 아이 의견을 전폭적으로 받아들여 "네 생각은 그렇구나. 엄마는 이렇게 생각하는데, 한번 같이 생각해볼까?" 라고 말하면서 아이와 의견을 나누는 훈련을 하면, 아이도 고집을 풀고, 엄마 말에 귀를 기울이는 자세를 보이게 된다.

유난히 고집 센 아이와 다툼이 잦아지는 것을 피하기 위해서는 해서는 안 되는 일'을 최소한으로 줄이는 것이 좋다. 아이에게 위험한 것만을 금하고 나머지는 모두 허용하는 것도 좋은 방법이다. 평생 눈치보고 복종하는 것보다 시행착오를 겪더라도 자기 의지대로 하는 편이 낫기 때문이다.

엄마는 네 편이고, 우리는 항상 같은 편임을 느끼도록 한다. 행동의 결과를 근거로 감정적으로 야단쳐서 아이를 적으로 만들 필요는 없다. 아이의 잘못된 행동이 아이에게 미칠 결과를 생각해 보게 한다. 감정적 대응 말고 해결할 수 있는 방안은 얼마든지 있다는 것을 명심하자.

"너. 정말 힘들었구나…"

일순 침묵이 흐른다.
"너, 정말 힘들었구나…
네 이야기를 들어줄 사람이
아무도 없었어. 그렇지?
처음엔 들어주기를 갈망하다가
이젠 지쳐서 화가 난 거구나.

그러니 그동안 얼마나 힘들었니?"

자녀는 잘못을 저지르며 배우고
부모는 그것을 용서하며 배운다.

— 김영아의《십대라는 이름의 외계인》중에서 —

 ## "아이가 화가 났을 때"

아이가 화가 났을 때는 부모 마음대로 미리 추측하지 말고, 그 이유를 정확하게 물어보는 것이 중요하다. 무엇 때문에 화가 났는지, 왜 고집을 피우는지 물어보고 나름대로 합당한 이유가 있으면 들어주도록 한다. 아이가 화가 난 것만으로도 "너 또 왜 그래" 하면서 아이의 속상한 마음을 무시해버리면 아이의 화는 더욱 심하게 된다. 그 것이 떼로 이어져서 나중에는 부모의 감정대로 문제를 해결하게 되는 것이다.

내가 대화법 강사과정을 공부하고 있을 때 대부분 유능하신 강사님들이 대화법을 공부하게 된 이유가 자기 자녀와의 문제 때문에 공부를 하게 되었다고 말씀하신 것이 생각난다. 아이가 사춘기를 맞이하면서 반항하고 삐뚤게 나가고 말을 안 하고...... 이 때 부모가 감정적으로 대하니 아이와의 관계가 악화되었다는 것이다. 그런데 공부를 하면서 아이의 마음을 읽어주고 기다려주니 아이는 마음을 열게 되었다고 하셨다. 물론 이것이 절대 쉬운 것은 아니다. 부모는 참고 기다리고 공부하면서 순간, 순간 스스로 훈련 되어야하는 등의 어려움이 있다. 그 인고의 시간을 보내고 나니 지금은 너무나 좋은 관계, 친구 같은 관계가 되었고 방황하던 아이도 너무 훌륭하게 자기 몫을 잘 감당하는 자녀가 되었다는 말씀이 참 감명 깊었다.

아이들이 화를 낼 때에는 타당한 이유가 있다. 그리고 대부분은 속상한 마음을 알아달라는 내용이 많다. 아이가 속상한 이야기를 하면 "속상했구나!" 하고 응대 해주면 되는데 보통 엄마들은 "아이가 화가 난 이유를 꼬치꼬치 캐물으려고 한다. 그리고 아이의 마음은 상관없이 아이가 화가 나게 된 원인제공자를 발색해서 책임을 추궁하려고 하는데 더 큰 문제가 있다.

아이들이 속상한 것은 아주 사소한 일들이 많다. 하루는 한 아이가 교실에서 엉엉 울길래 "왜 그러니?" 했더니 "내가 미안해!, 했는데 친구가 괜찮아! 라고 안 해요." 하는 것이다. 얼마나 귀엽고 사랑스러운 말인지...... 아이들은 자신이 미안하다고 사과하면 다른 친구가 괜찮다고 용서하는 대답을 해야만 그 일이 해결된다고 믿고 있는 것이다. 아이는 그 작은 일이 큰 소리로 울만큼 속이 상한 것이다. 이렇게 순순한 아이들의 마음을 부모는 모르고 있는 것이다.

일단은 아이가 화가 난 것을 표시하면 "00야, 화가 많이 났구나, 뭐 속상한 일이 있니?" 하고 묻기만 하면 되는 것이다. 아이의 속마음을 알아주는 것만으로도 아이는 어느새 얼굴이 활짝 피어나는 것을 경험하게 될 것이다.

 ## "아이를 가르칠 수 있다고 믿어라"

"우리 아이는 할아버지가 키워서 안 된다, 우리 아이는 집안 대대로 내려오는 고집이 있어서 아무도 못 말린다, 우리 아이는 삼대독자라서 귀하게 자라 이런 행동은 절대로 못 고쳐", 등 부모 스스로 이미 포기하는 경우가 많다. 아이들을 가르칠 수 있다고 믿는 것이 무엇보다 중요하다. 아이들은 어떻게 대응하느냐에 따라 아이의 행동도 변한다.

유치원에 처음 온 아이들의 반응은 각각 다르다. 어떤 아이들은 바로 적응해서 노는 아이들이 있고, 어떤 아이들은 한 일주일 동안 울다 놀다 반복하다가 적응하는 아이들이 있고, 간혹 한 달 내내 적응을 못하는 아이도 있다.

부모들이 놀라는 것 중에 하나는, 자녀가 원에 적응해서 잘 노는 것에 대한 것이다. 놀이터에 가서도 엄마 손만 잡고 절대로 떨어지지 않던 아이인데 어떻게 원에 다니는지, 알 수가 없다는 것이다. 처음에는 아이가 혼자서 원에 가는 것을 놀라고 기특해 하다가 나중에는 아이들이 너무 유치원을 좋아해서 아이가 말을 안 들으면 유치원에 안 보내 준다고 협박까지 할 수가 있다고 또 놀란다. 아이들마다 집에서 하는 것처럼 떼를 쓰고 애를 먹인다면 유치원 교사들은 어떻게 그 많은 아이들을 교육 할 수 있겠는가?

아이들은 어떻게 대하느냐에 따라 충분히 바뀔 수가 있는 것이다. 그렇기 때문에 어려서 유아교육기관에 아이를 맡기는 이유이기도 하다. 어떤 부모들은 아이를 너무 어려서 원에 보내면 되는지, 안 되는지를 가지고 토론한다. 이런 차원에서 아이들은 어릴수록 단체생활을 하는 것이 좋다. 요즘 부모들이 자녀가 하나, 둘밖에 없는 이유로 아이를 너무 과잉보호나 허용적으로 키우기 때문에 더 큰 문제가 있을 수 있다. 오히려 친구들과 단체생활을 통하여 통제와 자유를 경험하면서 스스로 조절할 수 있는 능력을 키우는 것이 훨씬 좋을 수 있다. 식습관도 좋아지는 모습을 많이 본다. 아이들을 가르칠 수 없다고 생각하는 것처럼 어리석은 것은 없다.

아이들은 아이들이기 때문에 가르칠 수 있다는 것을 믿고 함께 하라.

 ## "부모가 죄책감을 느낄 때"

맞벌이 부부의 경우 자녀에 대한 죄책감을 가지고 산다. 늘 아이한테 미안한 마음을 갖고 있기 때문에 허용적인 양육태도를 가지고 있다. 그러다보니 아이는 원하는 것을 언제든지 가질 수 있고 때론 조금만 떼를 쓴다면 바로 이룰 수 있다고 생각한다. 허용적인 양육을 받은 아이의 특징은 나약하고 늘 칭얼거리는 경우가 많다. 부모에 대한 의존도가 아주 높다.

교육기관에서도 보면 맞벌이 부부의 경우 종일반에 아이를 맡기는데 부모님들의 한결같은 말씀은 "아이와 많은 시간을 같이 보낼 수가 없어서 늘 미안하다."이다. 그렇지만 객관적인 입장에서 보면 가정에 있는 부모라고 아이와 늘 시간을 많이 보내주는 것은 아니다. 오히려 아이에게 화를 내기도 하고, 부모로서 보여주면 안 좋은 행동들과 바람직하지 않은 언어를 사용하므로 아이들에게 오히려 득보다 실이 되는 경우도 많이 본다. 그리고 종일반에 있는 아이들의 경우 자립심도 생기고, 해야 되는 일과 해서는 안 될 일, 그리고 참아야 하는 것 등을 잘 알게 된다. 친구들이라는 단체생활을 아주 잘해내고 있는 것이다. 그래서 오히려 의젓하며 어떤 상황에서 다리를 뻗을 자리인지, 앉아야 할 자리인지, 설 자리인지를 자연스럽게 인지하고 있는 경우가 많다.

어떤 부모님들은 단체생활을 통한 사회성 발달은 무시하고 개인선생님을 집으로 오시게 해서 시간별로 교육을 하게 하는 경우도 보았다. '우리아이는 특별하니까……' 이런 모습을 볼 때 얼마나 가슴 아픈 일인지 모른다. 아이들의 특성상 아이들은 또래친구들과 함께 놀면서 얼마나 많은 것을 배우는지 모른다. 그리고 얼마나 즐거워하는지 아마 부모님들이 그 모습들을 다 눈으로 확인할 수 있다면 감격의 눈물을 흘릴 것이다.

부모님과 좋은 곳에 놀러간다고 원에 툭하면 결석을 시키는 부모는 자신이 아이를 위해서 최고의 것을 제공하고 있다고 믿고 있다. 그러나 결코 좋은 것이 아니다. 또 어떤 부모님들은 원에서 단체로 가는 현장학습은 위험소지가 있다고 절대로 안 보내는 분도 있다. 아이들은 가족하고의 기쁨도 있지만 또래친구들과 이야기하면서 웃고 장난치면서 자기들의 관점에서 뭔가를 발견하고 놀라기도 하고 토론도 하면서 선생님께 질문도 한다. 현장학습에서 돌아와서도 며칠 동안이나 그 것을 주제로 이야기하는 모습을 보면 친구들과 함께 하는 교육이 얼마나 교육적 효과가 큰지 모른다.

가정에서의 활동을 살펴보자. 아이와 긴 시간을 같이 하는 것 보다는 짧은 시간일지라도 어떻게 보내느냐가 중요하다. 아이에게 사용하는 언어는 무엇이고, 아이와 어떻게 놀아주며 부모가 경제활동을 하므로 얻어지는 여유를 아이에게 어떻게 활용 할 것인지를 고민해 보는 것도 지혜로운 방법이라고 할 수 있겠다. 아이들은 자신들의 첫 사회인 교육기관에서 친구와 함께 놀면서 배운다. 좋은 친구들과 함께 배려하며 놀고 다툼이 생겼을 때는 해결하는 방법을 탐색해보고 그런 것이 아이를 건강하게 자라게 하는 것이다. 아이와 함께 하는 시간이 짧다고 죄책감을 느끼는 부모라면 이제 그 마음에서 해방될 것을 권유한다. 오히려 그 마음이 아이를 병들게 할 수 있기 때문이다. 자녀교육의 가장 중요한 원칙은 아이를 만족시켜주거나 기쁘게 해주는 것이 아니라 아이가 스스로 살아가도록 준비시켜 주는 것이다.

맞벌이 부부의 육아에 몇 가지 제안을 하면 다음과 같다. 맞벌이 부부의 육아에 있어서는 반드시 부부간의 팀웍이 필요하다. 집에 돌아오기가 무섭게 아이들이 부모를 반기며 매달려보지만 부모는 밀린 일거리들 때문에 이 반가운 기분을 오래 즐길 여유가 없다. 집안 청소와 당장 먹을 저녁거리 준비, 청소, 빨래, 아이들 돌보기 등 이럴 때 남편의 협조가 없다면 짜증이 나기 쉽고 그 짜증은 하루 종일 엄마를 기다린 아이들에게 감정적으로 갈 수 있다. 부부간에 서로 감정만 앞세우기 보다는 합리적으로 집안의 일들을 처리해나가는 지혜가 필요하다. 특히 자녀양육에는 아빠의 참여가 절대적으로 필요하다. 아이는 엄마 혼자서 키울 수 없다. 집안일과 육아는 엄마담당, 바깥일과 경제문제는 아빠담당 식으로 전통적인 역할구분 시대는 지난 것 같다. 아이들은 아빠와 함께 놀고, 산책하고, 운동하고, 숙제 하는 경험을 원한다. 어려서 아빠와 함께 목욕을 하는 어린이가 그렇지 않은 아이들보다 사회성이 훨씬 높다는 연구 결과도 있다. 아빠가 함께 육아에 참여하지 않고 자란 경우에는 아빠가 사회적으로 안정이 되고 가정에 시간을 돌릴 즈음이면 이미 아이들은 성장하여 오히려 아빠를 귀찮게 여기기도 한다. 이 때 아빠의 기분은 어떨까?

지금 이 순간 아이는 아빠와 함께 하는 시간을 간절히 원하고 있다. 갓난 아기에게는 노래를 부르면서 기저귀를 갈아주고, 걸음마하는 아기에게는 목마를 태워주고, 뛰어다니는 아이에게는 공놀이를 함께 해 준다. 특히 바쁜 엄마들은 아빠가 아이와 함께 있는 시간동안 에너지를 충전한다고 한다. 이렇게 함께 살아가는 것이다.

다섯 번째 마음

"사례별 아이 버릇 고치기"

아이들은 각자의 좋지 않은 버릇이 있다. 부모들은 아이들의 고치기 힘든 모습들 때문에 늘 많이 고민한다. '어떻게 해야 아이가 말을 잘 들을까? 부모가 원하는 대로 아이가 따라줄까?' 자녀를 양육함에 있어서 끊임없는 질문들이 이어진다. 반복되는 이야기이지만 아이들의 모든 버릇 이면에는 아이들이 인정받고 싶은 욕구와 사랑받고 싶은 마음 그리고 부모의 원칙이 없는 배려 때문에 생긴 경우가 대부분이다.

1. "잘 우는 아이" 어떻게 할까요?
2. "먹지 않아 걱정입니다!"
3. '산만한 아이' 꾸짖지 마세요.
4. 우리 아이, 책 읽게 만드는 7가지 방법
5. 사례별 상담사례 모음

 **1. "잘 우는 아이" 어떻게 할까요?**

부모나 가족이나 낯익은 사람에게서 잠시만 떨어지면 곧 울상을 짓는 아이들이 있다. 조금만 넘어지고 다른 친구가 닿기만 해도 큰일이 난 것처럼 소리를 지르고 울부짖으며 교실에서는 교사가 자신의 말을 들어주지 않거나 조금만 주의를 주어도 울어버린다. 이처럼 자기의 요구, 불만, 호소 등을 입으로 말하지 않고, 오로지 우는 것으로 의사표시나 요구사항을 과장되게 울어서 나타낸다. 자기의 요구를 만족시킬 때까지는 어떠한 경우도 울음을 그치지 않는다.

이 아이가 잘 우는 것은 감정이 미성숙하기 때문이다. 보통의 유아는 3~4세 정도가 되면 말로써 자기의 의사표시나 요구사항을 나타낼 수 있기 때문에 잘 울지 않게 된다. 다시 말해서 언어가 발달함에 따라 울음의 횟수가 줄어든다고 할 수 있는 것이다. 이렇게 잘 우는 아이의 경우는 감정면에서 자립성 발달이 다소 더디다고 할 수 있다. 더구나 집에서 부모가 이런 '우는 것'에 잘 반응해주고, 우는 것이 사람(부모)을 설득시키고 분위기를 환기시켜서 요구가 관철되게 하고 모든 것을 해결되게 한다는 것이 습관화되어 있는 것이다. 뿐만 아니라 자신이 야단이나 비난받아야 하거나 불리할 때도 '울면 된다'는 식과, 또 그 이상은 자기 자신이 책임지지 않으려는 최후의 도피처로 울어버리며, 자기방어의 '울기'도 한다.

아이가 우는 것에 어른(특히 부모)들이 곧 바로 반응하면 아이가 성장하지 못한다. 왜 우는가 하는 원인에 따라 반응해야 아이의 태도도 변해 간다. 위로해 주어야 할 경우는 아이가 슬플 때나 짓궂은 일을 당했을 때, 아플 때, 분할 때 등이다. 요구를 관철시키려고 할 때나 주목과 관심을 끌려고 할 때, 책임을 회피하려고 할 때, 자기방어를 하려고 할 때의 울음에는 위로해 주는 것이 오히려 역효과를 가져온다.

또 '울어 봐라.' 라고 모두가 놀리거나 '이 울보야.' 라는 별명을 붙여 준다든지, 또는 그냥 울도록 방치하는 것도 좋지 않다. 그냥 '울기'에 안주하는 경향이 되어 버리기 때문이다.

잠시 동안은 모르는 체 놔두었다가 나중에 등 뒤에서 어깨를 두드려 시선이 교사나 부모를 보게 하고 "왜 우는 거지, 이유를 말해 주겠니?"라고 말을 건네는 것이 좋은 방법이다. "말을 하지 않으면 선생님(또는 아빠, 엄마)도 알 수 없잖아요."라고 말해서 아이가 언어로 설명하도록 한 다음, 그 설명을 듣고 "아-, 00가 울지 않아도 되는 걸 그랬구나. 00도 이제 언니가 되었잖아." 하고 충분히 격려를 해 준다. 아니면 "그게 속상했구나!" 하면서 아이의 마음만 읽어주면 아이는 스스로 해결이 되는 경우가 많다.

앞으로 아이가 "우는 것은 곤란해" 라고 말하면서도 그 때마다 요구를 다 들어 주거나, 혹은 울지 않으면 그 요구를 잘 들어주지 않은 부모가 되지 않도록 하고, 울어서 호소할 때는 응해 주지 말고, 언어로 말할 때 열심히 경청하여 그 요구 사항을 해결해주는 방법을 충고한다. '울어도 그 요구사항을 들어주지 않을 것'을 유치원과 협정해서 통일성 있게 지도하도록 해야 한다.

아이가 울 때는 관심을 가져주지 않다가 아이가 울음을 그치고 교사와 아이들이 하는 활동에 관심을 가질 때, 인정해주고 말을 걸어준다면 점차 우는 빈도수가 적어지며 아이 스스로 교사에게 와서 할 수 있다고 말하는 정도까지 발전할 것이다.

2. "먹지 않아 걱정입니다!"

　학부모님들의 상담 중에 많은 비중을 차지하는 것 중 하나가 아이가 잘 먹지 않는다는 것이다. 어떻게 하면 우리 아이들이 밥을 잘 먹을 수 있을까? 아이들이 밥을 먹지 않을 때 어떻게 하는지를 살펴보면 해서는 안 되는 차선의 방법을 사용하고 있다. 심하게 말한다면 안 먹을 수밖에 없는 방법? 말이다. 밥을 먹지 않으니 대신 간식이나 군것질을 시키고 밥그릇을 들고 따라다니고 제발 한번 먹어 달라고 애걸복걸을 하니 아이들은 밥 먹는 것이 부모 앞에 유세를 떨 수밖에 없는 것이다. 심한 경우에는 배가 고파도 밥을 안 먹는다고 하며 부모의 애간장을 녹이는 경우도 종종 있다. 안 먹을 때는 단호하게 치워버리는 것도 한 방법이다. 대신 간식도 주지 않는다. 필자의 조카도 어려서 먹는 것을 가지고 애를 먹여서 언니가 걱정을 하길래 하루는 아이를 데리고 노는데 또 안 먹는다고 떼를 썼다 그래서 "그래, 먹기 싫으면 먹지마 알았지?" 하고 그냥 데리고 놀아줬다. 점심때가 돼서 밥을 먹자고 했더니 또 싫다고 해서 "그럼 먹지마" 했다. 조금 지나니 다른 먹을 것을 찾았다. 그래서 "밥 먹고 먹어야 해" 하고 단호히 말했더니 처음은 조금 버티더니 바로 밥을 달래서 한 그릇 뚝딱 해 치우는 모습을 보았다. 그 뒤로 안 먹겠다는 떼는 쏙 들어갔다. 청년이 된 지금, 얼마나 멋있게 컸는지 바라만 보아도 어린 시절 에피소드가 생각이 난다.

　안 먹는 자녀를 볼 때 마음은 아프겠지만 의연한 마음으로 조금만 참고 기다려보자. 너무 가혹한 것이 아니라 더 잘 먹게 하기 위해서 하는 훈련이니 조금만 참는다면 이런 좋은 결과가 있을 것이다. 유치원에서 제일 어린반 아이들을 보면 얼마나 밥을 잘 먹는지 모른다. 어른인 나보다 더 많이 먹는 모습을 보면 얼마나 기특한지……식습관을 어떻게 들이냐에 따라 아이들이 먹는 것이 달라진다. 어린 반 아이들은 밥을 먹고 대변을 보러 가는 아이들이 제일 많다. 이 모습 또한 너무 귀여운 아이들 모습 중에 하나이다.

1. 군것질은 안돼요

불필요한 군것질은 반드시 끊어줘야 한다. 특히 탄산음료, 과자, 라면, 아이스크림 등 단 맛을 내는 군것질들은 위장의 기운을 빼앗고 늘어지게 한다. 또 병에 대한 저항력을 떨어지게 만들며 비만을 조장하기도 한다.

군것질만 좋아하는 아이는 먼저 가족들부터 솔선수범하며 일체 집안에 단 것을 두지 않고 다른 가족들도 먹지 않는 게 좋겠다. 지나칠 정도로 군것질을 찾고 떼를 쓴다면 "없다"라고 단호하게 말해주고 바나나, 고구마, 단 호박 등 단맛이 나는 식품들로 유도해준다.

2. 규칙적인 식사시간을 지켜주세요

정해진 식사시간에만 식사를 하고 그 외의 시간에는 다른 것을 먹을 수 없다는 것을 인식시켜 준다. 또 식사시간에는 혼자 먹기보다 가족 모두가 참여하여 즐겁게 식사하도록 해서 함께 먹는 즐거움, 식사의 즐거움을 느끼게 해주는 것도 좋은 방법이다.

3. 호기심을 자극해주세요

"이 음식의 이름은 뭐지? 무슨 맛이 날까?" 음식에 대해 관심을 가질 수 있도록 해준다. 음식을 만드는 모습, 준비하는 모습을 지켜보게 하거나 만져도 좋은 재료를 활용해 음식 자체에 관심을 가질 수 있도록 해준다. 아이들은 요리에 관심이 아주 많고 본인이 참여했을 때 호기심을 유발하여 음식을 많이 먹으려한다. 사례로 유치원에서 김장철이 되면 요리실습으로 김장을 한

우리아이가 달라졌어요

다. 아이들이 평소에 매운 김치를 전혀 입에도 안됐던 아이들도 매워, 매워하면서도 얼마나 맛있게 먹는지......

그래도 흥미를 가지지 못한다면 아이가 좋아하는 인형을 활용해 먹이는 흉내를 내거나 엄마가 맛있게 먹는 흉내를 내주던지 친구들을 불러 함께 먹게 해도 즐겁게 식사를 할 수 있다.

4. 배와 등을 만져주세요

엄마의 손으로 배와 등을 쓰다듬어 줘라. 배에는 소화기가 등에는 내부 장기에 반응하는 혈 자리가 위치하여 자주 만져주면 기능도 좋아지며 소화기능이 튼튼해지면 소화가 잘되고 금세 배가 고파 음식을 잘 먹을 수 있다.

5. 예쁜 접시에 한입 크기로 담아주세요

아이들이 좋아하는 캐릭터, 알록달록 예쁜 컬러가 그려진 그릇에 음식을 담아주고 한입에 쏙 들어가는 크기로 만들어 주면 잘 집어먹는다. 현장학습 갔을 때 예쁜 도시락, 작은 주먹밥 등을 먹고 싶어 하는 아이들이 많이 있다.

6. 칭찬해주세요

나무라거나 협박성 소리 지르기보다 효과가 더 좋은 것은 칭찬하기이다. 잘 먹는 음식이 있으면 마음껏 칭찬해주고 다른 음식들도 잘 먹을 수 있도록 격려해준다.

어떤 친구들은 밥을 먹으며 꼭 TV를 보려하거나 돌아다니면서 먹으려 하는 경우가 있다. 잘못된 습관은 즉각적으로 단호하게 중지시키고 다른 가족들이 솔선수범하여 바른 식습관을 보여주는 것이 중요하다. 특히, 돌아다닐 때 함께 돌아다니며 밥을 주지 말아야 한다. 스스로 찾아올 때까지 밥을 주지 않으며 타임아웃도 필요하다.

 ## '산만한 아이' 꾸짖지 마세요.

자녀가 또래 아이들에 비해 주의력이 떨어지고 산만한 경우 부모들은 걱정이 여간 아니다. 꾸짖기도 하고 윽박지르기도 하지만 변화될 조짐이 보이지 않는다. 이런 경우 그냥 방치해두기보다 가까운 소아정신과를 찾아 전문의의 진찰을 받아보는 것이 필요하다. 그런 결정을 내리기 위해서는 부모의 인식이 전환 되어야 하며, 부모가 관심을 가지고 먼저 해야 할 일은 구체적인 칭찬이 필요하다.

학령기 어린이 가운데 손발을 가만히 두지 못하고 수업시간에 제 자리에 앉아 있지 않고 혼자 돌아다니며, 주변 어린이들에게 장난을 걸기도 하는 어린이의 대부분은 이른바 ADHD를 의심해볼 수 있다. 주의력결핍과잉행동장애로 풀이되는 ADHD(Attention Deficit Hyperactivity Disorder)는 학령기 어린이 가운데 3~5%에게서 나타나는 증상으로 남자어린이가 여자어린이보다 3~4배 많다.

ADHD 어린이는 학교생활에서 따돌림을 당하기 쉽고, 새로운 친구를 사귀거나 또래 관계를 유지하기에 어려움을 겪는다. 뿐만 아니라 제 때 적절한 도움을 받지 못하면 ADHD와 연관된 여러 문제들이 청소년기 나아가 성인기까지 이어지는 경우도 없지 않다.

ADHD 주요 증상은 수다스럽게 말을 한다거나, 손발을 잠시도 가만 두지 못하는 등 과잉행동을 하는 것이 일반적이다. 또 주의가 산만하기 때문에 집중해 한 가지 과제나 활동에 몰두하지 못한다. 공부를 할 때도 5분~10분 정도 지나면 지루해서 안절부절못한다. 뿐만 아니라 차례를 기다리지 못하거나 무턱대고 끼어드는 등 충동적인 행동을 일삼는다. 여기에 그치지 않는다. 또래 친구가 옆에서 건드리면 금방 화를 내거나 다투는 일도 심심찮게 발견할 수 있다.

ADHD 진단 그러나 아이가 집중력이 떨어지고 산만하다고 해서 모두 ADHD는 아니다. ADHD 진단을 내리기 위해서는 부모와 의사, 교사로부터 꼼꼼한 정보를 얻어야 한다. 특히 교사가 주는 정보를 부모는 듣고 오해하는 일이 종종 일어난다. 교사들이 진실을 말하다보면 부모가 수용하지 못하는 경우가 많다. 교사도 섣부른 판단은 주의할 필요가 있다. 그래도 의심이 된다면 부모와 교사가 관찰한 어린이의 특징적인 행동에 대한 보고와 의사의 진찰 소견을 토대로 진단을 내리게 된다. 더욱이 ADHD 어린이는 학습 장애나 우울증 등 다른 소아정신과 장애를 동시에 갖고 있는 경우가 많기 때문에 반드시 전문의의 진찰을 받도록 한다.

주의력이 떨어지는 것은 뇌기능의 문제이기 때문에 교사가 미처 깨닫지 못하는 경우도 없지 않다. 그러다보니 계속 혼을 내기 일쑤이며 집중력이 부족한 어린이는 가능한 앞자리에 앉혀 눈을 마주치며 관심을 보이면 어느 정도 완화되기도 한다.

제도적 검사장치 마련해야 주의력 결핍행동장애를 방치하면 2차적인 학습장애와 아울러 거짓말을 하거나, 물건을 훔치는 등의 문제를 동반하게 된다. 또한 우울증 증상과 함께 매사에 자신감이 없고 초조와 불안 증세를 보이는 경우도 적지 않다. 그러다보니 또래관계에 적응하지 못해 친구를 사귀는 것도 어려워진다.

모든 질환과 마찬가지로 조기 치료가 중요하다. 가능한 유치원에서 초등학교에 입학하는 어린이를 대상으로 지능이나 정서상의 문제 등을 검사할 수 있는 제도적 장치를 마련하는 것도 적극 검토해야 할 문제로 지적되고 있다.

ADHD 치료 충동성과 과잉행동을 줄여주고 주의력을 증진시키기 위해 약물치료가 일반적으로 이뤄지고 있다. 이밖에 부모교육과 상담, 가족치료, 특수교육 또는 놀이치료, 인지행동치료 등이 있으며 이 가운데 약물치료와 부모교육, 상담은 필수적인 치료라 할 수 있다.

문제만 찾을 것이 아니라, 장점을 찾아 살릴 수 있도록 유도하는 것도 좋은 방법 가운데 하나이며 IQ는 높지만 공부를 못하는 어린이는 적절한 학습 스타일을 찾아주고 능력을 충분히 발휘할 수 있도록 하는 것도 필요하다. 따라서 무엇보다 부모의 관심이 관건이라 해도 크게 틀리지 않는다.

작은 것이라도 구체적으로 칭찬해주는 것도 좋은 치료방법으로 꼽을 수 있다. 그러나 전문의를 찾아 보다 체계적인 치료 방법을 함께 모색하는 것이 무엇보다 중요하다.

청소년 클리닉 박영수 전문의는 "정신과라하면 거부감부터 갖게 되는 것이 일반적이다. 잘못된 인식에서 비롯된 것"이라며 "ADHD 어린이의 문제는 물론 부모의 어려움을 해결할 수 있는 곳이라는 인식 전환이 절실히 요구 된다"고 한다.

부모의 자존심 때문에 건강한 생활을 할 수 있는 기회를 놓쳐서 아이의 건강을 해쳐서는 안 되겠다. 그런데 안타까운 것은 이런 경우를 교육현장에서 너무 많이 보고 있다는 것이다. 심한 경우 조심스럽게 검사를 권유하면 화를 내는 경우도 흔하게 일어나고 있다. 가장 중요한 것은 "아이"라는 것을 명심하자.

- 동아닷컴 발췌 인용 -

우리 아이, 책 읽게 만드는 7가지 방법

책과 친한 아이에겐 특별한 부모가 있다

'그래 그래 너희 집엔, 비단옷과 번쩍이는 보석 그래 그래 너희 집엔, 맛있는 음식과 아름다운 정원 그러나 그러나 우리 집엔, 책 읽어주는 엄마가 있단다' '책 읽어주는 엄마' 란 유럽의 전래동요이다. 아이들에게 있어서
책 읽어주는 엄마란 이렇게 세상에서 가장 자랑스러운 존재이다.

자장가를 불러주면 사르르 잠들던 아기가 세 살이 넘으면 자장가보다 이야기를 좋아하게 된다. 이때가 책과 친한 아이로 만들 최초의 기회이다. 2~3세 아기들은 어린 동물이 나오는 그림책을 좋아하나, 차츰 이야기가 굽이굽이 흘러가는 전래동화를 좋아하게 되고 4~5세가 되면 무서운 이야기도 즐긴다. 그러나 사실은 이야기의 내용보다 엄마의 사랑이 담긴 목소리를 즐기는 것이다. 엄마와 관련된 이런 기억들은 책과의 친밀감으로 형성되어 책과 친한 아이로 만들어 준다.

자신은 일 년 열두 달 책 한 권 읽지 않으면서 자식에게는 "책 읽어라, 책 읽어라" 하는 부모들이 있다. 그러나 그것은 "나는 바담 풍 해도 너는 바담 풍 해라" 하던 '혀 짧은' 훈장님 교육처럼 효과가 없다. 부모님의 책 읽는 모습을 보고 자란 아이들은 그렇지 않은 아이들에 비해 책을 좋아한다. 그 아이들에게 책읽기는 공부가 아니라 생활이기 때문이다.

아이가 생기기 전부터 교육현장에 있었던 나의 경우에도 아이에게 잠자리

에서 늘 책을 읽어주었던 기억이 있다. 그랬더니 아이가 지금까지도 책을 손에서 놓지 않고 늘 책을 읽는 것이다. 고3이 되어서 언어영역은 다른 과외나 수업을 받지 않아도 수업을 받은 다른 과목에 비해 좋은 성적을 얻는 것을 경험했다. 지금도 시간이 있을 때 아이와 데이트를 할 때면 우린 대형서점에 가서 같이 책을 읽는다. 각자 흩어져서 몇 시간 본인이 좋아하는 책을 읽다가 사고 싶은 책을 골라서 정해진 시간에 만나서 집으로 돌아온다. 이 때 흐뭇함이란 이루 말할 수 없다. 각자 책을 읽고 나중에 감명 깊은 책을 서로 권하기도 한다.

어린이날 백화점과 책방에 온 아이들을 인터뷰한 것을 본적이 있다. 그런데 백화점에 온 가족과 책방에 온 가족의 표정이 달랐다. 백화점에 온 아이와 부모들은 표정이 영 밝지 않았다. 장난감 선물을 안고 있는 아이들도 만족한 얼굴은 아니었다. 왜 그러느냐고 했더니, 자기가 사고 싶은 비싼 물건이 있는데 그걸 사지 못했기 때문이라고 했다. 물론 그런 소리를 듣고 있는 부모님의 얼굴도 아이가 원하는 것을 다 사주지 못한 것 때문에 어두웠다. 그러나 책방에서 만난 가족들은 모두 밝고 만족스러워 보였다. 더 비싼 책을 못 사서 화가 난 아이도 없었고, 우울한 부모도 없었다. 옛말에 "자식을 큰 인물로 만들려면 여행을 시켜라"라는 격언이 있다. 자식을 우물 안 개구리로 만들지 말라는 충고일 것이다. 그러나 21세기 지식경제 패러다임에는 "자식을 큰 인물로 만들려면 책방에 데리고 다녀라"라는 격언이 필요하다. 책과 친한 아이가 아니고서는 지식경제 패러다임을 이끌어 갈 인재가 될 수 없기 때문이다.

아이들이 책방에 가서 가장 먼저 알게 되는 것은, 세상에 엄청난 분량의 책이 있다는 사실이다. 그 많은 책을 보면서 아이들은 자신이 우물 안 개구리임을 인식하게 된다. 그리고 그 인식은 독서욕을 자극하게 된다. 책방이 아이들에게 주는 두 번째 좋은 점은, 책을 쓴 사람들에 대한 궁금증이다. 그 궁금증은 책을 구경하면서 '나도 그 사람들처럼 책을 쓰고 싶다'는 욕구로 변한다. 이러한 욕구는 아이들의 독서욕으로 자리 잡는다. 아이들을 데리고 책방에 갈 때, 처음부터 대형 서점이나 큰 도서관에 갈 필요는 없다. 유아를 데리고 처음 책방 나들이를 할 때는 동네의 깨끗하고 아담한 책방으로 가는 것이 더 좋다. 평소에 안면 있던 책방 주인이 아이에게 미소를 지어준다면 더욱 좋은 추억이 될 것이다. 초등학생이 되면 좀 더 큰 책방을 선택하고, 고학년이 되었을 즈음에 대형 서점을 가는 것이 좋다. 책방 구경이 끝나면 아이의 몫으로 책을 한 권쯤 사는 것이 좋다. 그 책은 아이에게 영원히 잊지 못할 보물이 된다. 누구나 선물로 받은 것은 오래 간직하게 된다. 그 중에서도 책은 간직하기도 쉽고, 보관하기 편리하고, 유행을 타지 않기 때문에 오랫동안 간직하게 된다. 먹는 것은 그 날로 없어지고, 장난감은 한 달 정도 가면 싫증이 난다. 옷은 몸이 자라면 못 입게 된다. 그러나 책은 일생 동안 간직할 수 있다. 간직하기만 하는 것이 아니라 책의 주제는 독자의 가치관 형성에 영향을 주기 때문에 일생을 함께 한다고 볼 수도 있다. 위인들의 일생을 보면 어린 시절에 읽은 책 한 권이 그들의 삶에 방향을 제시했던 경우가 많다. 그래서 자녀에게 길을 제시할 때 현명한 부모들은 위인전을 선물하는 예가 많다. 말로 하는 것보다 책 한 권을 통하여 아름다운 삶을 보여주는 것이 훨씬 깊고 강력한 영향을 주게 된다. 책을 선물할 때는 어린이의 희망과, 요즈음의 심경 등을 고려하여 적당한 것으로 고르는 것이 효과적이다. 책 선물이 갖는 또 하나의 장점은 받는 기쁨을 알게 해 줄 뿐만 아니라 주는 기쁨도 알게 한다는 사실이다. 어린 시절에 책 선물을 받은 아이들은 자라면서 주는 입장으로 바뀌게 된다. 책 선물하는 친구, 책 선물하는 애인, 책 선물하는 선생, 책 선물하는 부모로 자라게 되는 것이다.

예전에 '책거리' 라는 풍습이 있었다. 글방에 다니는 자식이 천자문을 떼는 날이면 부모가 떡 한 시루를 해서 서당으로 가 훈장님과 친구들에게 한턱 내는 풍습이었다. 서당이 없어지면서 이 풍습도 사라졌지만, 이는 교육적으로 매우 훌륭한 풍습이었다. 이 책거리를 현대판으로 부활시킨 것이 바로 '독서 잔치' 다. 학년 초나 학기 초가 되면 학교나 학급에서 읽을 책의 목록을 발표한다. 어떤 가정에선 부모와 함께 읽을 책 목록을 만들기도 한다. 그러나 대부분의 아이들이 그것을 벽에만 붙여놓고 읽지 않기 때문에, 부모님이나 선생님을 속상하게 하기도 한다. 독서 잔치는 이런 아이들이 책을 읽게 하는 방법으로 유용하다. 독서 잔치를 하는 방법은 아이들이 자신의 독서계획표대로 읽었을 때에 음식을 만들어 놓고 생일날처럼 잔치를 해주는 것이다. 1개월씩 끊어서 해도 좋고, 3개월 단위로 해도 좋다. 아이가 계획표대로 책을 읽었을 때에 잔치를 열어주면 된다. 초청되어 오는 아이들은 먹고 노는 것이 아니라 읽은 책 발표하기·책 이야기 하기·독서 토론하기·독서 퀴즈대회·독서 퍼즐 풀기·책 선물하기 등의 다채로운 프로그램 속에서 지내게 된다. 진행은 부모가 도와주어도 좋고, 아이들이 스스로 해도 좋다. 다만 음식만 먹고 헤어지는 것이 아니기 때문에 음식점보다는 집에서 하는 것이 좋다. 독서 잔치의 장점은 독서 열기가 친구들에게도 전달된다는 점이다. 어느 한 아이가 독서 잔치를 하면, 함께 초청됐던 아이들도 독서 잔치를 하게 된다. 그리고 이 잔치는 다른 반까지 퍼져나가 온 학교 아이들이 책 읽는 아이들로 변하는 예가 종종 있다. 책 읽는 아이라도 읽지 않는 아이와 친구가 되면 책을 멀리하게 된다. 비록 지금은 내 아이가 책을 잘 읽지만, 책을 읽지 않는 아이와 친구가 된다면 어떻게 할까? 이런 점을 생각할 때 독서 잔치는 매우 필요한 행사이다.

- 남미영 한국독서교육개발원장 발췌 인용 -

5. 사례별 상담 자료

Q 유치원에 입학하여 1주일 정도는 잘 다니더니
이제는 유치원에 안 가려고 떼를 쓴답니다. 어떻게 해야 할까요?

보통 아이들도 학기 초에 종종 있는 일이지요. 먼저 아이가 유치원에 가기 싫어하는 원인을 알아야 할 것 같아요. 유아에게는 낯선 곳에 대한 두려움이 있습니다. 처음에는 많은 장난감과 신기한 교구들에 대한 호기심으로 잠시 두려움이 감춰져 있다가 그 호기심이 없어지면 그 곳이 낯설게 느껴지지요. 유치원이 끝나고 집이나 다른 곳에서 친구와 지낼 기회를 주거나 단짝 친구를 만들어 주는 것이 도움이 될 수 있습니다. 늘 집에서 혼자 주목받던 아이가 교사의 사랑을 다른 아이들과 나누기 힘들어 속상할 수도 있습니다. 그러나 너무 예민하게 반응하거나 걱정스러운 표정하지 않도록 하세요. 이 때문에 엄마의 관심과 교사의 특별한 대우를 느낀다면 아이는 이 상황을 즐기고 싶지 극복하고 싶진 않을 걸요?

Q 6살이 되었는데도 세수, 옷 입기, 식사, 신발 신기 등 혼자서는
아무 것도 못해요. 슬슬 자립심을 길러야 하지 않나요?

능숙하게 하진 못해도 스스로 하려고 하는 의지가 자연스럽게 생기는 때입니다. 아직도 자발적으로 하려하지 않는다면 특별히 신경을 쓰셔야 할 것 같아요. 아이들은 걷기 시작할 때부터 자율적인 의지가 생겨납니다. 엄마 손

을 뿌리치고 혼자 걸으려하고 밥풀을 다 흘리면서도 혼자 떠 먹으려하지요. 이때부터 좀 번거롭지만 아이 혼자 하는 것을 격려해주셔야 합니다. 미숙하지만 혼자 마무리 짓도록 옆에서 느긋하게 지켜 봐주세요. 못마땅하다고 아이가 보는 앞에서 금방 새로 고쳐서 해준다면 자신감이 없어지겠지요?

스스로 잘 하게 하려면 무엇보다 어렵지 않은 일부터 시작하는 게 좋습니다. 아직 소근육이 충분히 발달되지 않았는데 단추 끼우기나 신발 끈 묶기를 하게 한다면 실패에 대한 두려움으로 부모에게 다시 기대게 됩니다. 그리고 스스로 해냈을 때 "네가 혼자서 해내다니 정말 자랑스럽다."며 칭찬을 아끼지 말고 충분히 해주세요. 대부분의 부모님들은 여기까지 잘 알고 계신답니다. 그러나 실제 입가에 묻은 하얀 치약자국, 질질 흘려진 밥풀, 바꿔 신은 신발 이런 모습을 못 참아내지요. 우리 어른들도 이런 과정을 거쳐 정교해지고 세련되어졌어요. 오히려 이런 모습이 아이들답지 않은가요?

Q 우리 아이는 사교성이 없어요. 친구와 잘 어울리지 못하고 원에서도 활동에 적극적으로 참여하지 않는 것 같아 걱정이에요.

대부분의 사람들은 내 자식이 적극적이고 활동적이기를 희망하지요. 그러나 누구나 똑같이 활달하고 사교적일 수는 없어요. 타고난 성향은 모두 다르니까요. 자신의 아이가 어떤 기질인지를 객관적으로 파악하는 것은 중요합니다. 왜냐면 타고 난 성품의 반대쪽으로 지나치게 강요하다보면 아이를 지치게 하고 마음도 많이 다치게 되거든요. 그러나 많은 것을 경험하지 못하거나 권위적인 부모에 눌려서 소극적이 되는 아이도 있답니다. 늘 한정적인 사람들과 관계를 맺은 아이라면 집밖으로 데리고 나가 많은 것을 보여주고 여러 사람과 접하게 해주세요. 또 부모가 아이의 장점을 인정해주고 칭찬하면 스스로를 가치 있게 생각하여 다른 사람과도 좋은 관계를 가질 수 있어요. 아이가 하는 어떤 얘기도 수용적으로 잘 받아주고 끝까지 잘 들어주세요. 같은 나이 또래의 엄마들끼리 교류로 자연스럽게 친구를 만드는 의도적인 노력도 필요합니다. 친구와 놀 때는 게임이나 구조적인 활동처럼 우열이 드러나거나 정답이 하나로 유도되는 활동보다는 어떻게 해도 틀리지 않고 무엇이든 시도해볼 수 있는 비구조적인 활동이 유리합니다. 그런 상황에서 아이는 마음 놓고 자신을 표현하며 친구와 지내는 것이 즐겁다는 것을 깨닫게 되지요.

 **편식을 심하게 합니다.**

아이들은 먹는 것 하나라도 모두 개성이 달라서 같은 부모 밑에서 태어나 같은 음식을 먹고 자란 형제들도 제각기 다른 입맛을 가지지요. 그러나 우리가 일상적으로 먹는 음식의 종류가 200여 가지가 넘는다고 하니 몇 가지를 싫어하고 입에 대지 않는다고 크게 걱정하지 마세요. 먹지 않는 음식의 편식에 집착하지 말고 5대 영양소를 골고루 섭취하는가에 중점을 두어야 합니다. 편식이 심한 아이들은 요리활동을 통하여 그 맛과 친숙하게 되는 기회를 갖게 하세요. 요리를 하며 영양에 대해 자연스럽게 이야기 나누고 활동의 흥미나 성취감으로 한 입 정도는 먹게 할 수 있어요. 아주 조금이라도 맛보고 먹어보는 경험이 중요하거든요.

조리방법을 바꾸어보거나 그릇이나 식탁의 분위기를 새롭게 하여 조금, 한입이라도 먹게 유도해 주세요. 조금이라도 먹게 되면 다시 권하지 마시고 많이 칭찬해주세요. '아이구, 내가 어떻게 만들었는데…' 이런 마음에 강제로 먹인다면 그 음식에서 더 멀어진답니다. 사실 아이가 잘 먹게 하기 위한 부모의 가장 큰 역할은 꼬박 꼬박 제때 밥 차려, 골고루 맛있게 먹는 모델을 보여주는 것이랍니다.

 **아침을 잘 먹지 않아요. 아침마다 원에 가기 전 전쟁을 치룬 답니다.**

엄마가 된 사람의 가장 큰 책임은 뭐니 뭐니 해도 잘 챙겨 먹여 튼튼하게 키우는 일인데 먹는 것에서 내 뜻대로 따라주지 않으면 참 속상하지요. 특히

아침부터 이런 실랑이는 하루 종일 아이나 부모를 기운 빠지게 한답니다. 아이가 특히 아침을 먹지 않는다면 우선 생활 습관을 한번 되돌아보세요. 어른과 같이 밤늦게까지 자지 않고 있으면 밤참을 먹을 때도 있고 늦게 자서 피곤하여 일찍 일어나지 못하면 밥맛도 떨어지지요. 또 평소에 많이 움직이지 않아 운동량이 적을 경우에도 식욕이 없어져 아침 식사를 하기 싫어한답니다.

혹시 긴장되거나 정서적으로 중압감을 느끼는 일이 생기게 되면 아침에 일어나도 마음이 무거워서 아침을 즐기지 않게 되요. 먹는 양이 많지 않는 아이라면 자기 양만큼만 먹게 하고 꼭 밥만 고집할 이유는 없어요. 빵이나 시리얼 등으로 아이의 취향에 따라 대용할 수도 있지요. 그러나 이 때 좋아하는 장난감이 눈에 띄어 먹고 싶은 욕구가 덜하게 되지 않도록 유의하세요. 먼저 주변을 깨끗하게 정리하여 먹는 것에만 집중하도록 해야 하고,

물론 바쁜 아침 시간에 텔레비전을 틀어놓아 마음을 빼앗기게 해서도 안 되겠죠.

 성격이 별나거나 부산스럽지 않는데도 자주 다칩니다. 왜 그럴까요?

유아들은 자기 신체를 마음대로 조절하기 어렵고 자신의 입장에서 사고하므로 전체적인 판단 능력이 부족하지요. 게다가 호기심이 많고 활동적이라 항상 사고의 위험을 안고 있어요. 그러므로 사고의 원인이 될 수 있는 물건은 아이들 주변에서 멀리 두고 언제나 안전을 위한 점검으로 사고예방을 해야 합니다. 또한 평소 안전규칙을 준수할 수 있도록 생활에서 강조해야 하고요.

그럼에도 불구하고 우연이나 한 두 번의 실수가 아니고 자주 다치는 일이 일어난다면 아이의 성격을 다시 한 번 살펴보세요. 모험심 많고 충동적이며 감정적인 성격은 아닌가요? 사고가 자주 나는 아이들의 유형이랍니다. 이런 아이들은 우선 안전에 대한 바람직한 태도나 능력을 길러야 하지요. 일상생활에서 여러 문제 상황을 해결할 수 있는 경험을 지속적으로 반복시킵니다. 예를 들면 블록놀이를 하며 육교나 지하도 등 안전한 횡단 시설을 만들어 교

통안전을 설명하거나 놀이터에 가면 떨어질 수 있는 모든 놀이 기구를 알려주어 위험을 얘기하지요. 위험에 대해 충분히 인지하고 대처할 수 있는 수준이 될 때까지 항상 안전을 위한 환경을 정비하는 것과 함께 위험에 대해 잘 설명해 주는 것이 꼭 필요합니다.

Q 화가 나면 누구한테나 때리고 던지는 공격적인 행동을 많이 한답니다.

분노는 자연스러운 사람의 감정이지요. 화가 날 때 감정을 잘 다스리도록 옆에서 도와주는 방법은 그 감정을 인정해주는 것이지요. "뭐 그런 것 가지고 화를 내니?" "화난다고 집어던지는 게 어딨어?"하고 화가 난 감정을 부정하고 비판하기보다 "정말 기분이 나빴구나." "그 정도로 화가 났다는 거지?" 하며 인정해준다면 머리끝까지 올라갔던 분노가 쑤욱 내려오는 기분을 느낄 거예요. 왜 어릴 때 다쳐서 울고 있는데 엄마가 "됐어. 괜찮아, 이제 안 아파." 하면 서러워서 더 크게 울던 기억이 있죠? 내 아픔을 인정하지 않는 엄마가 야속해서인데 똑 같죠 뭐.

화가 가라앉은 아이에게 왜 화가 났는지 말로 설명하게 하세요. 평소에도 말로 감정을 설명하는 연습을 하게하고 분노를 표현할 때는 때리거나 부수지 말고 사회에서 인정받는 방법으로 풀어내게 하세요. 정서적으로 충만하지 못하고 욕구가 자주 좌절된 아이들일수록 공격적이라 합니다. 사랑 받는다는 느낌이 많이 들게 하고 성공하는 경험을 많이 주며 칭찬해 주세요. 문제가 되는 비디오 시청도 줄이고요. 그리고 화가 났을 때 부모님의 모습은 어떤가요? 설마 아이가 나의 거울이 된 건 아니겠지요?

Q 또래 친구와 어울리지 않고 동생이나 언니만 따라다녀요. 그래도 괜찮을까요?

또래와 어울리지 않는 것 자체가 문제가 되기보다 그 이유가 더 중요합니다. 또래들의 놀이가 너무 시시하고 재미없을 수도 있고 반대로 너무 어려울 수도 있지요. 또 친구들과 어울릴 때는 자기가 하고 싶은 대로 할 수 없는 것도 많고 양보도 해야 하지만 언니, 동생들은 많이 봐주거나 주도권을 잡을 수도 있거든요. 또래와 수준이 잘 맞지 않은 것도 문제지만 자기 뜻대로 하고 싶어 또래를 회피하는 경우라면 더 문제가 크지요. 주변에 같이 놀 동생이나 언니라도 없다면 책이나 비디오, 오락에 파묻힐 위험도 있어요. 자신의 감정을 억제하고 절충하는 귀찮은 사람관계보다 일방적으로 자신을 몰입시킬 수 있는 그런 일들이 훨씬 재미있어진다면 점점 사회성이 부족한 아이로 키워지게 됩니다.

또래와의 재미있는 몇 번의 경험이 생각을 바꿀 수도 있으니 경쟁하는 놀이는 피하여 주로 밖에서 즐겁게 놀이를 할 기회를 만들어 주세요. 그리고 그 또래 아이들이 좋아하는 만화 영화, 캐릭터, 노래 등 관심사를 알 수 있도록 하는 것도 도움이 되고 평소 나누거나 양보하는 행동이 보이면 많이 칭찬하여 친구들 사이에서 의견을 절충할 수 있는 힘을 키우도록 하세요.

 친구가 같이 놀아주지 않는다고 늘 속상해 합니다. 어떻게 하나요?

정말 친구들이 싫어해서 그럴 수도 있고 본인이 그렇게 느낄 수도 있어요. 아이들 사이에서도 항상 좋은 일만 있을 수 없거든요. 투탁거리고 싸우며 싫은 소리도 하겠지요. 낙천적이고 밝은 아이들은 툭툭 털고 금세 다시 어울리는 방법을 알겠지만 여리고 자신감이 부족한 아이들은 크게 상처받아 친구들이 자신을 싫어한다고 느낄 것입니다. 엄마가 함께 속상해 하거나 아이보다 더 예민하게 받아들이는 것이 좋지 않으므로 안타깝지만 스스로 문제 해결할 수 있도록 지켜보세요. 이 문제에 있어 엄마는 정서적인 지원과 격려를 하는 것이 가장 큰 역할이지요.

아이들 사이에서는 제 할 일을 제대로 안하며 지시하고 명령하거나 간섭

하는 아이, 싸움을 잘하고 거친 성격, 자기밖에 모르는 욕심쟁이, 발달이 너무 높거나 낮은 아이들은 다른 친구들이 싫어하는 친구 유형이랍니다. 어른과 비슷하지요? 그러니 똑똑하고 자신의 일만 잘해내는 아이를 만들려고 너무 애쓰지 마세요. 클수록 친구가 참 중요하거든요. 초등학생만 되어도 부모보다 친구가 더 절대적이고 친구 때문에 행복과 불행사이를 오가지요. 어려서는 흡족하게 사랑해주며 모든 면의 조화로운 발달을 꾀하여 원만한 성격을 만들어주세요.

 이혼한 가정입니다. 아이가 커 갈수록 혼자 키우는 양육에 어려움을 느낍니다.

혼자 된 가정의 부모들은 여러 가지의 심리적인 어려움이나 경제적 고충이 있어요. 사실 편부?편모라는 것 자체가 문제이기 보다 그 관계에서 어떤 것이 파생되는 가가 중요한데 대부분은 애정을 충분히 줄 수 없다는 것이 가장 문제가 되지요. 또 부모가 경제적 활동을 하기 위해 대리 양육을 하는데 이것도 중요한 관점입니다. 그러나 자녀에게 보내는 애정이 충분하다면 그리 중대한 문제는 일어나지 않을 거예요. 반대로 엄마나 아빠가 없다는 점을 지나치게 의식하여 과보호하는 경우도 더러 있답니다. 그러므로 다른 가정보다 더 노력하여 훨씬 많은 관심과 애정을 보이되 절제된 통제도 필요하지요. 한쪽의 부모가 없어 자녀들에게 이상적인 여자, 남자의 모델을 제시하지 못하는 것도 문제가 되는데 가까운 친척 중에서 이 문제를 보완해 줄 수 있는 해결책을 찾아 아이와 가까이 지내게 하는 것도 좋습니다. 또한 어떤 경우라도 아이에게 다른 쪽 부모를 존경하게 하도록 말과 행동을 하는 것이 아이를 위하는 길입니다. 어머니나 아버지가 불안해하고 좌절하면 그 감정이 아이에게 전이될 수 있어요. 아이를 위해서라도 부모가 그 상황을 편하게 받아들이세요.

Q 형제들끼리 너무 심하게 싸워요.
중간에서 말리면 더하는데 어떻게 해야 하나요?

　형제사이는 세상에서 가장 절친하면서도 묘한 경쟁의식이 있어 양면성을 띠지요. 아이들이 다툰다면 야단을 치기에 앞서 차례로 아이들의 말을 열심히 들어주세요. 그래야 어느 한쪽도 억울하다고 느끼지 않거든요. 이야기를 하면서 아이는 고조되어 있던 감정이 가라앉게 되고 객관적으로 문제의 해결방법까지도 찾아낸답니다. 형제들끼리의 공동체 의식을 만들어주기 위해 다른 집 형제와 어울리게 하는 것도 방법이 될 수 있어요. 잠깐 엄마가 집을 비운 틈에 자기네들끼리 점심을 챙겨 먹게 하거나 목욕을 하라고 이르고 갈 수도 있고요. 뒤죽박죽 엄마 마음에는 들지 않아도 아이들끼리는 즐거운 시간을 보내며 우애를 돈독히 할 수 있거든요.

　형제들 간 다툼의 근본원인은 부모의 사랑을 독차지하고 싶어서이죠. 이런 아이들을 만족스럽게 하려면 같이 있을 때는 항상 공평하게 느끼게 하고 따로 있을 때는 애정표현을 아끼지 않아야 합니다. 형은 언제나 양보를, 동생에게는 복종을 강조한다면 둘 다 스트레스를 갖고 불만이 쌓이므로 형이기 때문에, 동생이기 때문에 라는 단서를 달지 마세요. 또한 잦은 분쟁의 소지가 되는 장난감이나 물건이 있다면 당분간 없애는 것도 일시적인 효과가 있답니다.

Q 할머니께서 아이를 봐 주시는데 양육방법이 마음에 들지 않아 고민입니다.

　세대차, 가치관 등의 이유로 할머니와 양육관이 대립되어 있다면 하루라도 빨리 이 문제를 해결해야 합니다. 일관되지 않은 양육태도에서 아이는 정서적으로 안정되지 못하고 바른 생활태도를 가지기 힘들거든요.

할머니께서 아이를 봐주시는 경우 육아 외에도 여러 문제가 복합적인 갈등을 만들어내는데 대화로 풀어가는 훈련을 하셔야 해요. 아이를 키우는 것의 주체는 부모이지요. 그러므로 큰 테두리는 부모가 만들어 가되 그 범주에서 벗어나지 않는 작은 것들은 그냥 덮어두는 게 갈등을 줄이는 방법입니다. 내 손으로 키워도 '내가 왜 그렇게 했을까' 하며 후회할 때가 한 두 번이 아니거든요. 사실 전통적인 양육 방법이 비과학적이고 비위생적이어도 아이들 자라는데 크게 이상이 있지 않아요. 오히려 일관되지 못한 상황이 더 나쁘답니다. 그러나 내가 가진 가치관이나 기준에 어긋나는 크게 잘못된 것은 분명하게 얘기하세요. 속으로 애태우며 괜히 다른 일로 우회해서 갈등을 드러내지 말고 부드럽게 잘 말씀드리세요.

대체로 할머니가 돌봐주는 아이는 풍부한 애정을 받으며 자라서 밝고 긍정적인 태도를 가졌더라고요. 앞으로의 삶에 좋은 거름이 되리라 믿어요.

 아침마다 깨우는 문제로 실랑이하다 항상 늦게 일어나게 된답니다.

아이들마다 다 똑 같지 않아서 초저녁부터 졸려하다 잠들고 다음날은 새벽같이 일찍 일어나는 아이가 있는가 하면 이렇게 아침부터 엄마 속을 태우는 경우도 있지요. 아침에 명쾌하게 벌떡 일어나게 하는 방법은 전날 밤에 일찍 재우는 것 이상 없답니다. 하루아침에 수면습관을 바꿀 수는 없겠지요. 차츰 시간을 조절하며 조금씩 고쳐보세요. 매일 5분씩, 10분씩 밤에 일찍 재우고 아침에도 그렇게 차츰 일찍 깨우는 겁니다. 아침에 늦게 일어나는 것이 다시 밤에 늦게 잠이 드는 악순환으로 반복된답니다. 그러므로 밤에 늦게 잤다 하더라도 아침에 일찍 깨우세요. 잠이 부족하여 짜증을 낼 수 있으므로 아이가 즐거워할 수 방법들을 생각해 내는 것이 필요해요. 아이가 좋아하는 즐거운 음악이나 TV프로를 틀어주면서 하루를 시작하거나 가장 아끼는 장난감을 건네주며 기분을 좋게 할 수 있어요. 이런 아이의 경우 잠이 부족하다고 낮잠을 재우는 것보다 밤에 일찍 자게 하는 것이 더 낫답니다.

몸에 이상이 있거나 컨디션이 좋지 않을 경우 아침에 일어나는 것이 무척 힘들다고 해요. 다른 증상과 함께 잘 지켜보시고 심하다면 병원을 찾을 필요도 있습니다.

Q 아이가 잠을 자기 싫어하고 평소에도 아주 늦게 자는 편이랍니다. 어떻게 해야 하나요?

어른의 관점에서 보면 이해가 안 되는 부분이지만 아이들은 참 자는 것을 싫어해요. 아이들의 생활은 늘 재미있는 놀이의 연장이라서 놀이를 끝내고 싶지 않은 마음도 있을 테고 세상에 대한 불안정한 지속성을 갖기 때문이기도 하지요. 이를테면 '자고 일어나도 내가 가지고 놀던 장난감이 그대로 있을까, 엄마도 내 옆에 있을까' 하는 불안함입니다. 이런 아이의 마음을 잘 읽어주고 '내일은 무엇을 하며 더 즐겁게 지낼 수 있다'는 계획과 함께 '엄마는 자는 동안에도 항상 너를 지켜줄 거라' 는 안정감을 주세요. 혹시 엄마는 늦게까지 TV켜 놓고 보면서 아이한테는 빨리 자라고 소리치는 건 아닌지요.

아이와 미리 약속하여 정해 놓은 잠자는 시간이 되면 주위를 조용하게 하고 잠자기에 적당히 어두운 조명으로 엄마도 함께 잠자리에 들어야 합니다. 처음에는 짜증을 내고 뒤척이던 아이라도 며칠내 익숙해진답니다.

잠버릇이 심각하게 고민된다면 아이들의 이부자리나 잠옷 등을 아이가 좋아하는 디자인으로 바꾸어보는 것도 방법입니다. 요즘 유행하는 야광스티커나 야광 벽지 등은 불을 끄고 나서도 아이들을 즐겁게 해주어 빨리 잠자리로 들어가고 싶어 한답니다.

Q 동생이 태어난 이후에 어리광이 더 심해지고 질투도 많이 한답니다.

어린아이에게 동생은 우리 어른들이 상상하기 힘들만큼 위협적이고 자신을 불안하게 하는 존재랍니다. 이제까지 자신이 누리고 가졌던 모든 것을 내주거나 나누어야하니 만약 어른이라고 해도 그 상황은 쉽지 않을 겁니다. 나름대로 자신의 권리를 회복해 보려고 어리광을 부리고 질투하는 행동이 우리가 보기엔 참 부적절하지요. 이런 아이들의 심정을 우리는 깊이 이해할 필요가 있어요.

많이 힘들어한다면 당분간 모든 것을 큰아이 위주로 생활해 나가세요. 큰아이부터 먼저 안아주고 아가보다 먼저 요구하는 대로 들어주세요. 스킨십을 많이 해주고 때로는 아기 흉도 함께 보는 거죠. "너를 가장 사랑하지만 아가가 아직 어려서…" 이런 말을 이해하고 받아들일 수 있다면 처음부터 질투하지도 않을 겁니다. 되도록 아기 돌보기에 큰아이를 참여시켜보세요. 우유를 주거나 기저귀를 갈아줄 때 아이가 할 몫을 줍니다. 물을 따라주거나 먹여주거나, 기저귀를 갖다 주거나 엉성하게라도 채워 주도록 기회를 주는 것이지요. 그리고 너 덕분에 아주 잘 끝냈다고 칭찬하고 아가도 고마워한다는 말도 잊지 마세요. 스스로를 대견하게 생각하고 동생에게도 새로운 애정이 생겨날 것입니다.

 손가락을 빨아요. 못하게 해도 몰래 숨어서 빨아 걱정입니다.

무엇인가 빠는 행동은 스스로에게 즐거움과 편안한 느낌을 주고, 긴장을 덜어주는 효과가 있지요. 하지만 손가락을 빠는 행동은 치아나 손가락의 이상, 미숙해 보이는 등 여러 가지 문제 때문에 부모들의 걱정이 됩니다. 그러나 아이들은 점차 성장해가면서 안정감과 쾌감을 주는 다른 대체물을 찾게 되고, 점차 이런 행동도 줄어들게 되므로 너무 서두르지 않으셔도 됩니다.

손가락을 빠는 것은 어렸을 때 빨고 싶어 하는 욕구가 충분히 충족되지 못하여 계속 그 때의 수준에 머무르는 것일 수도 있으니 만 3세 이전의 아이라면 젖꼭지 등의 대체물을 사용하는 것도 효과적입니다. 부모의 관심이나 애정결핍이 원인일 수도 있으나 꼭 그런 것은 아니랍니다. 만약 어머니가 애정이 부족해서라고 생각하여 더 관심을 주거나 아이에게 화를 내는 경우, 관심을 끌기 위해, 혹은 불안하여 더욱 심해질 수 있어요. 오히려 이러한 행동에 대한 무관심이 차라리 나은 경우가 많아요. 이 행동을 고치려고 위협을 하거나 벌을 주는 것보다는 부모가 참을성 있게, 정서적인 지지를 해주어야 합니다. 아이가 느끼는 스트레스를 줄여주고 편안하고 행복한 가정 분위기를 만들수록 손가락을 빠는 행동은 줄어들어요.

 평소에도 나쁜 말을 많이 사용하는 편인데 요즘은 욕도 한답니다.

아이들은 무슨 뜻인지 모르면서 말이 주는 어감이 재미있거나 어디선가 들은 말이니까 그냥 내뱉는 경우가 대부분입니다. 그런데 그 말을 듣고 주변에서 깜짝 놀라거나 당황하고 심하게 야단을 친다면, 아마도 아이는 '어! 이 말은 뭔가 특별한 것이 있나보다. 다른 사람의 관심을 끌 수 있는 것이구나' 하는 생각이 들것이고 앞으로 계속하게 되겠지요? 오히려 주변에서 아무런 반응을 보이지 않으면 아이는 그 말에 대해 흥미를 잃고 차차 잊어버리게 됩니다.

아이가 나쁜 말을 많이 사용하게 될 때 환경이 어떤지를 살펴보세요. 주변의 어른이 그런 말을 사용하거나 친구, TV를 통해 새롭고 자극적인 말을 듣게 되면 아이는 자꾸 반복해서 사용하고 싶은 충동을 느낀답니다. 그러므로 아이에게 영향을 주는 모든 사람이 좋은 말을 써야겠죠. 아이가 계속해서 나쁜 말을 사용한다면 "그런 말은 좋은 말이 아니란다. 사람들은 어떤 말을 쓰는 지를 보고 좋은 사람인지 아닌지 알게 된단다." 하고 일러주고 좋은 말을 쓸 때 많이 칭찬해주세요. 만약 남의 주목을 끌기 위해서 그렇게 한다면 사랑에 대한 욕구를 충분히 만족시켜 주는 것이 최선의 방법이랍니다.

 그림 그리기를 싫어해요.

"집 모양이 이상하구나." "사람 같이 생기지 않았어." 등 무심코 내뱉은 말들이 아이의 그림그리기를 부담스럽게 하지요. 어른의 기준에 맞게 그림을 그리는 것은 쉬운 일이 아니거든요. 그림은 언어가 능숙하지 못한 아이의 생각이나 감정을 표현하는 좋은 도구이므로 아이의 관점으로 그리게 하세요. 그림이 아이 생각의 표현이라고 해서 간혹 섣부른 해석을 하기도 합니다. 가족 그림에 엄마가 없다고 "너는 엄마를 싫어하는구나!"라든지, 어두운 색의 그림은 뭔가 부정적인 해석을 하지요. 엄마가 시장을 갔거나 그림자를 그린 그림일 수 있는데 말이죠. 이런 어른 주관대로의 해석에 아이가 마음의 상처를 받고 그림을 그리지 않으려 하는 경우도 봤어요. 아이의 생각을 먼저 들어봐야합니다. "로봇을 그렸구나!" 대신 "네 그림의 설명 좀 해줄래?"가 적당합니다. 인지적 수준이 높은데 그림 기술이 따라오지 못하면 자신의 그림이 실제와 멀다고 느껴 그림이 싫어진답니다. 먼저 사물을 자세하게 관찰하여 형태를 알게 하는 연습이나 이미지를 언어로 먼저 끌어내어 표현하는 구체적인 기술 지도가 필요합니다. 또 칭찬은 자신감을 주어 그리고 싶은 의욕을 갖게 합니다.

 같은 그림만 계속 반복해서 그려요.

늘 자동차만 그리는 아이, 꽃만 그리는 아이, 사람을 그려도 항상 같은 자세에 같은 얼굴모양… 이런 아이들은 흔히 볼 수 있어요. 꼭 나쁘다고만 말할 수 없는데 적어도 자기 의지대로 그리는 그림이기 때문이죠. 자신이 감명 받은 인상적인 것, 아주 좋아하는 것, 잘 그릴 수 있는 것, 언젠가 그렸다가 칭찬 받으면서 강화된 소재 등을 열심히 그리는 것이랍니다. 그러나 그림은 아이들의 언어와 같아서 이런 경우는 계속 같은 말을 반복하는 것과 같아요. 좀 더 확대된 소재나 방법을 찾아 주는 것이 좋습니다. 더 많은 것을 보여주고 경험하게 하여 아이의 마음에 또 다른 흥미 거리를 주세요. 나들이를 다녀와서 보았던 흥미로웠던 것을 그려보게 하거나 아이가 좋아하는 장난감이나 만화영화로 스토리를 구성하여 들려주고 그려보게 하는 것이지요. 그리는 방법도 새롭게 하여 다양성을 가지게 합니다. 가령 사람을 그릴 때에도 발부터 그린다든지 딸기는 씨부터… 이렇게 하면 재미도 있지만 다양한 시각으로 그림이 풍부해집니다. 매번 종이에만 그릴 필요가 있을까요? 비닐이나 쿠킹호일 위에 매직으로, 목욕탕 타일 위에 물감으로… 이번엔 분명히 다른 것을 그리고 싶어 할 거예요.

Q 그림을 그릴 때 언제나 같은 색만 사용합니다.

사과를 그려도 노란색, 나무를 그려도 노란색, 집도 노란색으로 색칠하는 아이가 있지요. 검은색이나 어두운 색만 쓴다면 엄마의 걱정은 더해집니다. '정서가 불안한 것은 아닌가, 문제가 있는 아이일까' 하고 걱정되지요. 물론 색이 아이의 감정이나 느낌을 반영하는 것이기도 합니다. 특히 3세 이전의 아이들의 무의식적인 심리가 많이 반영되지요. 그 이후는 현실에서 보여 지는 개념적인 색으로 인식하지만 간혹 기분이나 감정을 담고 있는 경우도 있답니다. 그러나 이런 해석은 아이의 다른 행동적 특성과 함께 고려되어야 하고 신중해야 합니다.

같은 색을 사용한다면 자신이 좋아하는 색에 집착하거나 색의 개념이 고정화되어 그럴 수 있어요. 다양한 색에 대한 관심이나 색의 정확한 인식을 길러주는 놀이를 유도합니다. 색종이나 크레파스의 같은 색을 대응시키거나 주변의 자연이나 사물의 색과 물감의 색을 비교하게 하는 놀이, 따뜻한 느낌의 색, 화가 날 때 쓰는 색, 힘이 센 색 등을 찾아보는 놀이, 물감을 혼합하며 다양한 색을 만드는 놀이 등입니다. 조심스럽지만 색을 구분하지 못하는 즉 색맹이 아닌 가도 주의 깊게 살펴보아야 합니다.

Q 왼손잡이예요. 고쳐주어야 하나요?

어릴 때는 대체로 오른손과 왼손을 모두 잘 사용할 수 있다가 만 5세 정도가 되어야 어느 한쪽이 다른 쪽보다 능숙하게 되고 주로 그쪽을 많이 사용하게 되지요. 그러므로 그 이전에 왼손을 쓴다고 모두 왼손잡이가 되는 것은 아니랍니다. 대다수가 오른손을 쓰기 때문에 왼손을 쓰는 사람이 잘못 되었다거나 미숙하다는 생각은 아이에게 도움이 되지 않아요. 대체로 왼손잡이는 오른손잡이가 왼손을 쓰는 것보다 더 능숙하게 오른손을 쓸 수 있거나 양손을 다 사용하므로 더 유리한 면이 있지요. 우리 문화권이 오른손을 쓰기에 알맞게 되어 있기 때문에 왼손잡이는 불편함을 감수해야하지만 사회적인 편견이나 불편함으로 너무 억지로 다른 손을 쓰는 것을 강요하지 마세요. 오히려 강제로 왼손을 못 쓰게 하면 위축감이나 불안감이 생기고 자신감도 없게 되요. 심하면 언어장애나 다른 신경증까지 생길 수 있답니다.

여러 가지 이유로 특히 엄한 조부모님이 계셔서 굳이 왼손잡이를 고쳐야 한다면 왼손을 못 쓰게 하기보다 오른손도 함께 쓰도록 부추기는 방법이 더 좋답니다. 던지기, 잡기, 탁구, 그리기 등의 놀이나 스포츠에서 자연스럽게 오른손을 사용하도록 유도하세요.

 끊임없는 질문, 어떻게 대응할까요?

모든 지식이 새롭게 구성되어 가는 아이들이 궁금한 것을 물어보는 것은 무척 의미 있는 일이므로 충실하게 대답해 주세요. 만약 엄마도 잘 몰라 당황하여 아이에게 무안을 주거나 몰라도 된다고 얼버무리는 것은 바람직하지 않습니다. 오히려 "엄마도 생각하지 못한 특별한 생각을 했구나.

같이 알아보자"라고 한다면 아이는 스스로 대견하다는 느낌과 함께 엄마에 대한 신뢰감이 생깁니다. 질문에 대답할 때 정확한 답과 완전한 이해를 구해야 한다는 강박관념을 가지지 않아도 됩니다. 아이들 수준에서 질문이 어렵다면 사실을 간단하게 설명하고 "네게 좀 어려운 이야기이지? 더 커서 다른 많은 것을 알게 되면 이것도 알게 될 거야" 라고 덧붙입니다.

어떤 경우에는 당황스럽고 엉뚱한 질문도 하지요. 그럴 때는 다시 아이에게 "왜 그것이 궁금해졌니?" 라든지 "어떻게 그렇게 되었을까?" 하고 되물어 아이가 알고 싶어 하는 것이 무엇인지를 더 구체적으로 들으세요. 아이가 한 질문에 대해 책을 보여주거나 현장에 가서 직접 보고 듣고 느끼게 해주는 것은 궁금증을 오래도록 잘 잊지 않게 하는 특별한 방법이지요.

 텔레비전을 너무 좋아하여 어른들 방송까지 보고 있어요.

요즘의 아이들은 매스미디어의 많은 영향을 받으며 자라지요. 그러나 어린 시절에는 직접 보고 만지고 느끼며 경험한 것을 토대로 개념과 지식이 생겨나는데 TV를 보며 무엇을 얻는다는 것은 한계가 있답니다. 엄마들 중에는 학습비디오나 교육방송 등으로 한글, 숫자, 영어를 익히게 하고 심지어 정서적인 부분까지도 보완하려고 하는데 이는 아주 위험한 생각이랍니다.

TV를 보고 있는 아이들은 일방적으로 쏟아 붓는 정보를 접하지만 실제 아이들은 가만히 앉아 아무 것도 하지 않은 수동적인 존재가 됩니다. 그것보다는 엄마와 동화책을 보며 이야기 나누고, 친구들과 어울려 노는 능동적인 활동이 훨씬 의미 있답니다. 그런데 그 TV를 보고 습관은 누가 들였을까요? 처음 아이들은 TV를 조작할 줄도 무슨 프로그램이 있는지도 몰랐답니다. TV를 보는 동안은 조용하고 얌전한 아이가 되는 것을 엄마가 즐기지 않았을까요?

너무 심하게 본다면 아예 TV 전원을 빼 놓고 다른 놀이로 유도하거나 바깥으로 나가서 노는 것을 즐기게 해 보세요. 그리고 평서 시청 계획을 세우고 엄마와 함께 보도록 하며 서로 그 내용을 주고 다는 등 능동적인 태도를 끌어내는 것이 중요합니다.

 가족들과는 말을 곧잘 하지만 다른 사람 앞에서는 말을 잘 안해요.

타고 난 수줍음 때문에 그럴 수도 있고 다른 사람과의 접촉 경험이 적은 경우도 말을 꺼려합니다. 이전에 다른 사람과 말하면서 좋지 않은 경험을 했을 때도 발음이 부정확하거나 청각에 문제가 있는 경우도 대화를 하지 않으려 한답니다. 다양한 이유 중에서 그 원인이 무엇인가를 잘 파악하는 것이 중요합니다. 우선 이런 아이들은 긍정적으로 자신을 느끼게 하고 자신감을 갖게 하세요. 아이의 발달보다 쉬운 일을 시킨다거나 부모의 "너는 뭐든 잘 할 수 있다"는 암시로 자신감을 키워줄 수 있어요. 수용적인 부모의 태도는 실수나 좌절을 두려워하지 않는 아이로 만들어 다른 사람 앞에서 말실수를 하더라도 발음이 부정확하더라도 별로 개의치 않게 되지요. 스스로를 괜찮은 아이, 쓸모 있는 사람이라고 생각한다면 다른 친구와도 잘 어울리고 타인과의 관계도 원만해진답니다. 같이 어울리고 이야기하는 기회가 늘어나면 다른 사람과 관계를 맺는 것이 재미있고 자연히 말도 많이 하게 되겠죠? 동화를 말하게 하거나 녹음시를 사용한 말하기 연습 등 재미있는 훈련으로 말의 유능감을 키운다면 다른 사람과의 대화도 더 흥미롭게 됩니다.

책을 좋아하게 하려면 어떻게 해야 할까요?

생후 10개월부터 책에 관심을 보이기 시작 어린 시절에는 책과 가깝게 지내는 습관을 들이도록 하세요, 자라면서 아이의 주변에 늘 책을 놓아두고 엄마가 소리 내어 책을 읽어준다면 아이는 엄마와 함께 놀고 싶어서라도 책 보기를 좋아하게 될 겁니다. 만약 이 시기를 놓쳤다면 지금부터라도 아이 방뿐 아니라 가족이 모이는 거실, 안방, 어디든지 책을 가까이 두며 엄마가 함께 읽어주세요. 아이가 보기 싫어해도 엄마 혼자 소리 내어 읽는다면 다시 관심을 보이기도 하지요, 한글을 깨쳤다고 혼자 읽게 하거나 테이프나 CD를 들려주는 것은 엄마의 목소리보다 효과적이지 않아요. 집중력이 부족하다면 아이가 흥미를 갖는 소재부터 시작하세요. 만화라도 좋아요. 이때 그림 위주로 보여주며 빨리 넘기거나 그림을 만지며 냄새를 맡게 하고 의성어 의태어를 삽입하여 재미있게 이야기를 재구서하고 간단하게 들려줍니다. 감각적인 탐색으로 집중시간을 늘어 날 수 있어요, 또한 어머니의 책 읽는 모습을 보여주는 것도 아이의 독서습관에 큰 도움이 됩니다.

Q 밥을 너무 오래먹어요. 어떻게 지도할까요?

밥 한 숟가락을 입에 물고 10분간을 오물오물 거리는 아이가 있는가하면 1시간이 걸려도 한 끼 식사를 못 끝내는 아이도 있습니다. 시간 개념이 없는 유아들은 빨리 먹는지, 늦게 먹는지는 인식할 수 없을 거예요. 그러니 이런 아이들에게 "빨리 먹어!"하고 독촉하는 것은 별의미가 없지요. 만약 생활 전체가 침체되어 있는 아이라면 운동부족으로 공복감이 전혀 없이 식사에 임하게 되니 당연히 속도가 나지 않겠지요. 엄마의 욕심으로 너무 많은 양을 준다면 아이가 보기만 해도 중압감이 느껴져 식욕이 없을 수도 있고요. 이런 부모는 또 계속 빨리 먹을 것을 강요하기 때문에 아이는 만성 식욕부진을 일으킨답니다. 귀찮게 주의를 주어 위축시키거나 다른 집 아이와 비교하는 것은 도움이 되지 않습니다. 유아기에 잠시 나타나는 문제라고 편안하게 생각하고 "밥 먹고 이거 해보자"하는 말로 식사 후에 기대를 갖도록 합니다. 그러나 하염없이 식사를 오래 하는 아이들에게는 식사시간을 서서로 줄여서 30분정도로 제한하는 것도 좋습니다. 일단 결정을 하면 아이에게 알려주어 일관된 태도를 취해야 합니다. 못 먹여 공복감을 느낀다면 다른 식사는 더 빨리 먹을 수 있을 것입니다.

자료제공:이남정교수 http://educlick.mbcedu.co.kr/에서 발췌인용

여섯 번째 마음

"성공하는 글로벌 리더로 키우기"

누구나 자녀가 성공하는 글로벌 리더가 되기를 원한다. 원하는 만큼 그 곳으로 가는 길을 알고 있는지? 의문을 가질 수밖에 없다. 21C 패러다임의 변화의 맞는 글로벌 리더! 과연 어떤 사람으로 성장해야 할까요?

"직업적 전문성이 있고, 유능하고 창의적인 사람"
"개인생활이 만족스럽고 행복한 사람"
"사회 및 인류에 대한 책임감이 있는 사람"
"조직과 사회를 긍정적으로 변화시키는 영향력이 큰 사람"

1. 글로벌 인재의 특징과 조건
2. "다른 사람과 네트워크 할 수 있는 능력으로 키우자"
3. 아이의 백 년 인생을 좌우하는 9가지 기본력
4. 성공과 실패보다 중요한 것은 도전

 글로벌 인재의 특징과 조건

아들이 입대를 앞두고 ROTC입대를 상의해왔다. 혼자 결정 할 수 없어서 ROTC출신인 나의 멘토님께 상의를 했다. 그 분이 하시는 말씀 중에서 인상에 남는 말씀 몇 가지가 생각난다.

"남자는 책임감과 용기, 그리고 명예로 살아야 한다고 했다. 우리 아이는 혼자 자라서 다소 소심 할 수 있고 전공을 생각해봐도 그러니 장교는 이 세 가지를 다 배울 수 있으니 지원하도록 하라" 하셨다. 지원 결과 아들은 ROTC에 합격을 했고 얼마 전에는 두 주간동안 첫 번째 군사기초훈련을 마치고 자랑스러운 모습으로 돌아왔다.

나 역시 삶을 살면서 나이가 들수록 정말 중요한 가치가 무엇인가를 생각해보았다. 우선 나 자신이 행복해야 한다. 행복하기 위해서는 긍정마인드가 중요하다. 같은 일이 생겨도 한 사람은 "괜찮아" 하지만 한 사람은 하늘이 무너진 듯 걱정을 하는 경우가 있다. 때로는 과감하게 내려놓을 수 있어야 한다. 긍정마인드는 주변을 변화시키는 영향력을 갖는 데에도 꼭 필요하다.

둘째, 창의적이어야 삶을 유연하게 능률적으로 살 수 있다. 창의적이지 않는 사람은 사는데 재미가 없다. 늘 똑같은 것을 생각하고 똑같은 일만 한다면 얼마나 슬플까? 생각해보면 답이 나온다. 기발한 아이디어, 독창성 이런 것들은 21세기를 살아가는데 꼭 필요한 것이다.

셋째, 책임감은 더없이 중요하다. 책임감 있는 행동은 상대에게 신뢰성을 준다. 신뢰를 얻는 다는 것은 큰 자산이다. 신뢰성이 없는 사람과는 어떠한 비즈니스도 할 수가 없다.

넷째, 명예란 항시 놓아서는 안될 중요한 사항이다. 이 모든 것에 진정성이 합해져야 정말로 이 사회에서 필요로 하는 글로벌 인재가 되는 것이다. 진정성을 잃을 때 아무도 그를 신뢰 할 수 없으며 한번은 성립할 수 있어도 지속적인 관계는 이루어 질 수 없기 때문이다.

이런 큰 주제가 다소 무겁게 들릴지는 모르겠으나 결국 우리가 자녀들에게 거는 기대는 글로벌 인재가 되었으면 하는 마음인 것이다. 행복감, 창의성, 책임감, 긍정마인드, 진정성, 용기 등 이런 것들을 위해서 기본적인 인성교육과 성품 교육을 철저히 해야 하며 그런 삶의 모습을 부모가 몸소 보여줘야 하는 것이다. 끊임없이 공부하고 사람들과 교류하며 소통하고, 뭔가 책임져야 할 때 피하지 말며, 작은 일 하나에도 진정한 마음으로 사람들을 대하고 대로는 대범하게, 때로는 용기 있게 대처해나간다면 아이들은 멋진 우린 부모님의 모습을 그대로 닮아 글로벌 인재가 될 것이다.

 ## "다른 사람과 네트워크 할 수 있는 능력으로 키우자"

단체생활을 하다보면 아이들은 소소한 분쟁이 일어난다. 보통은 아주 사소한 일로 싸우고 울기도 한다. 그리고 돌아서면 웃으면서 그 아이와 잘 놀고 있는 모습을 자주 목격하게 된다. 어른들이라면 싸운 사람과 석 달 열흘 말 안 하고 지내겠지만 아이들의 경우는 잘 노는 친구와 더 다툼이 많이 일어난다. 아이들이 분쟁이 일어났을 때 아이들 스스로 분쟁을 해결 할 수 있도록 기회를 제공하는 것이 좋다. 그러나 일부 참을성이 없는 부모님의 경우 바로 개입해서 "그 아이와 놀지 않도록 해 주세요" 혹은 "자리를 다른 곳으로 옮겨 주세요." 심지어는 아빠까지 개입해서 아이를 태권도 학원에 보내서 싸움을 배워서 "친구가 때리면 너도 때려"라고 시킨다. 이런 부모님들의 어린아이 같은 모습을 보면서 얼마나 가슴이 아픈지 모른다.

아이들은 다 표현하는 방법이 다르다. 어떤 아이는 화가 나면 친구를 때리고, 어떤 아이는 무는 것으로 표현하고, 어떤 아이는 할퀴고, 어떤 아이는 소리를 지르고, 또 어떤 아이는 선생님께 이르기도 한다. 아이들마다 각기 다른 표현을 할 뿐 요즘 말 한마디 못하고 당하기만 하는 아이는 거의 없다. 왜냐하면 워낙 가정에서 방어하는 법을 교육시켰기 때문이 아닌가 싶다. 문제 해결 방법도 아이들은 참으로 단순하다. 서로 "미안해"를 하고 한 번 안아주고 살짝 장난기가 발동하면 "둘이 결혼해" 혹은 "뽀뽀 한 번 해" 하면 아이들은 어느새 웃으면서 사이가 좋아지면 다시 둘이 편을 먹고 선생님께 말한다. "남자끼리 무슨 결혼을 해요?" 등 등...

이런 아이들의 순수한 모습이 얼마나 귀엽고 사랑스러운지 모른다. 아이들은 이렇게 문제를 해결하고 언제 싸웠냐는 듯이 다시 즐겁게 논다. 물론 싸우다 흉터가 난다든가 하면 속이 상할 수가 있지만 아이를 키우면서 조금은 이해를 하고 넘어가야할 부분이다. 조금만 다쳐도 부모가 일일이 개입하는 아이는 다른 친구들과 놀 기회가 적다. 아이들은 놀면서 배우는 것이 80%이상이다. 그런데 모든 아이들과 격리를 시킨다면 이 아이는 도대체 누구와 네트워크하며 문제가 발생했을 경우 어떻게 문제 해결을 할 수 있겠는가? 아이 스스로 해결할 수 있는 기회를 갖는 것과 의지를 갖는 것은 참으로 중요하다.

　　글로벌 시대에 중요한 능력 중에 하나는 다른 사람과 네트워크 하는 능력이다. 미래사회는 한 직장에서 종신토록 일을 하는 경우는 거의 없다고 봐야 한다. 이미 그런 시대가 우리 앞에 놓여있다. 그렇다면 다른 사람과의 인맥을 무시해서는 성공 할 수 없으며 일자리의 부재로 자신이 자신의 일자리를 만들어서 일해야 하는 지식 경영의 시대가 된다. 어려서부터 사소한 다툼조차도 스스로 해결 못하고 자란 아이가 어떻게 다른 사람과 협상하는 자리에 설 수 있으며, 설 수 있다하더라도 어떻게 상대와 협력을 이끌어 낼 수 있겠는가? 부모들이 인내하고 기다리는 훈련이 무엇보다 필요하다. 부모가 참지 못한다면 아이도 참지 못할 것이다. 부모가 개입해서 무엇이든지 해결하면 아이는 해결하려고 생각조차 하지 않게 될 것이며 모든 생각이 거기서 머무르게 될 것이다. 사랑하는 우리 아이가 스스로 아무것도 못하고 부모가 나서줘야만 할 수 있는 아이로 성장시키고 싶은 부모는 아마 없을 것이다. 부모는 아이와 영원히 함께 할 수 없다는 사실도 기억해야 하는 것이다.

팔로워십
시대가 변하고 있다.
리더십 관련 문헌들이 진지해지기 시작했다.
팔로워십이 중요하다는 사실을 반영한 것이다.
우리 중 누구도 항상 리더일 수도 없고

또 항상 팔로워일 수도 없다.
- 바버라 켈러먼의 《팔로워십》중에서 - 〈고도원의 아침편지〉

'이끄는 법을 배우려면 먼저 따르는 법을 배워야 한다.' 장자크 루소의 말이다. 이제는 리더십(Leadership)보다 팔로워십(Followship)이 먼저이다. 한 걸음 더 나아가 서번트십(Servantship)도 익혀야 한다. 제대로 따르고, 제대로 섬길 줄 알아야 비로소 사람 앞에 설 수 있다.

3. 아이의 백 년 인생을 좌우하는 9가지 기본력

1) 실패력– 성공을 위한 징검다리

실패를 모르는 아이는 성공할 수 없다. 남과의 경쟁에서 이기기만을 강요받은 아이들은 늘 이기기만 하고 성공하는 법만 알아 인생에 있을 크고 작은 좌절의 순간을 어떻게 극복해야 하는지 모른다. 또한 실수와 실패를 통해 얻게 되는 경험과 교훈을 배울 수 없다. 부모 스스로 아이의 실패에 관대해져야 한다. 대부분의 부모는 스스로 아이의 실패를 두려워하고 있다. 아이는 이 세상을 불과 몇 년 살지도 않았는데 너무 많은 기대와 내 자녀가 완벽했으면 좋겠다는 기대감으로 아이의 실수를 용납하지 않는 부모 때문에 아이는 어느 순간에 실패를 경험하게 될 때 이것을 극복하지 못하고 좌절하게 되는 것이다. 아이가 성공하기를 바라는 만큼 실패하기도 바라며 실패 또한 과정임을 인정해야한다.

2) 철학력– 생각하는 아이로 자라는 첫걸음

아이 스스로 생각하는 법을 깨우쳐야 한다. 엄마는 아이에게 늘 급한 마음에 정답만 알려줘서는 안 된다. 정답을 알게 되기까지의 과정을 아이가 겪어 보게 하고 아이 스스로 답을 찾게 하라. 세상에는 정답을 찾을 수 없는 것들이 더욱 많은 법, 답을 찾기까지 아이가 생각하고 고뇌하는 과정이 아이에겐 더욱 중요하다. '내 아이가 얼른 답을 할 수 없다면……' 하는 생각에 아이가 생각하기도 전에 부모는 다그치거나 부모가 답을 알려 주기도 한다.

3) 행복력- 스스로 행복을 만들어 가는 능력

행복이라는 것은 미래의 그 어떤 것에 있는 것이 아니다. 행복은 살아가는 매순간 스스로 찾아내는 것이며 많은 경험과 과정을 통해 얻어지는 것이다. 행복을 맛 본 아이는 행복을 만들 줄도 알게 된다. 아이에게 스스로에게 자긍심을 갖고 매순간을 행복한 시간이 되도록 하게 하라. 자긍심은 늘 인정해주고 칭찬을 통해서 얻을 수 있는 아주 좋은 긍정의 힘인 것이다. 자긍심은 보통 만 7세까지 생기므로 어린 시절 칭찬과 인정은 아이에게 보약과 같은 것이다.

4) 리더력- 리더의 제1조건, 배려의 힘

왕자와 공주처럼 귀한 대접을 받고 자라 이기는 것만 익숙한 나머지, 자기 것만 먼저 챙기는 아이들이 모인 사회에서 진정 인정받는 리더는 남을 배려하며 함께 나아가는 법을 배운 아이가 될 것이다. '나' 중심의 사고에서 벗어나고 매사에 감사하는 마음을 법을 아는 아이는 좌절감을 모를 뿐 아니라 나누는 기쁨을 알게 된다. 이를 위해서는 작은 것도 감사하다고 표현하는 언어 습관이 필요하다.

5) 독서력- 세상을 읽어 내는 눈

책은 아이들에게 있어 세상을 간접적으로나마 알게 하는 매개체이다. 책을 통해 또 다른 세상을 알게 되고 그 깨달음을 통해 꿈을 세우게 된다. 또한 상상하는 법을 배우며 자신의 생각을 글로서 정리하는 법을 알게 된다. 어린 시절에 책 읽어주는 부모님 밑에서 자란 아이들은 책 속에 재미있는 이야기가 들어있다는 것을 알게 된다. 그래서 일찍이 책은 재미있는 것이라는 등식이 확립된다. 이런 아이들은 책방이나 도서관에 가면 책을 보며 조용히 집중할 줄 안다. 남의 집에 방문했을 때에도 어른들이 이야기 하는 동안에 책을 보며 조용히 지낼 수 있다. 그러나 책과의 친밀도가 형성되지 못한 아기들은 칭얼거리거나 엄마에게 빨리 가자고 조른다. 어린 시절 책 읽는 습관이 들은 아이들은 어른이 되어서도 늘 책을 가까이 하게 된다. 잠들기 전에 읽어주는 동화에는 해피 앤딩의 전래동화가 좋다. 해피 앤딩을 들은 아기들은 안정되고 행복한 마음으로 잠들게 된다. 낮에 읽어주는 책은 그림책이 좋다. 그림책은 읽어주는 책이 아니라 보고 생각하는 책이다. 그림 속에 들어있는 이야기를 엄마와 함께 찾아보기도 하고 말로 재현해 보게 하는 것이 좋다. 그런 습관이 아이로 하여금 생각이 깊은 아이로 자라게 할 것이다.

6) 커뮤니케이션력- 총체적 기본력의 산실

21세기는 커뮤니케이션의 시대이다. 자신이 가지고 있는 정보와 다른 사람의 정보는 이야기를 통해서 흐름으로 자신이 원하는 것과 원하지 않는 것을 제대로 표현하는 법은 이야기 하는 법에 따라 달라지기 마련이다. 제대로 듣고 말하는 법. 자신의 생각을 말로 표현하는 과정에서 아이의 사고력이 증진된다.

어른들도 대화를 하다보면 가끔 동문서답을 하는 경우가 많다. 이들은 어려서부터 자신의 생각을 말로 표현해 본 경험이 적거나 다른 사람의 이야기를 경청하지 않은 습관에서 깊이 생각할 수 없게 되고 대화에 몰입이 되지 않아 결국, 커뮤니케이션이 안 되므로 경쟁력을 잃게 된 것이다.

7) 영어력- 글로벌 시대, 생존의 기본 조건

영어의 중요성은 모두들 익히 아는 이야기이다. 인터넷에서 알 수 있는 고급정보의 90%이상이 영어로 되어있다는 사실 하나만으로도 국제 통용어인 영어를 무시 할 수는 없다. 그러다 보니 급한 마음에 아이들의 발달과정은 고려하지 않은 채 아이에게 외국어 학습을 시킬 때 철자 하나, 단어 하나에 목매는 부모가 많다. 익숙지 않은 글자를 억지로 읽고 외게 하면 아이는 학습에 대한 거부감만 불러일으킨다. 영어를 포함한 모든 외국어가 실생활에서 효과를 거두려면 아이에게 직접 듣고 따라 할 수 있는 경험의 장을 만들어 줘야 한다. 반복적으로 듣게 하고 아이의 머릿속에 각인 될 수 있는 요소를 찾도록 해야 한다. 그래서 어려서 말을 배우듯이 자연스럽게 재미있게 익힐 수 있도록 도와야 하는 것이다.

8) 경제력- 안정된 미래를 여는 열쇠

어린 시절 아이에게 경제 활동을 접하게 하는 것은 무엇보다 중요하다. 아이의 자산을 직접 관리하게 하고 집안일을 하는 대신 약간의 용돈을 주는 정도의 아르바이트를 함으로 스스로 번 돈에 대한 중요성을 맛보게 하라. 통장을 만들어주고 용돈을 모으는 경험을 해 본 아이는 돈에 대한 가치와 소중함을 알게 된다. 어린이 경제 교육을 무시하면 아이들이 크면서 돈의 가치를 몰라서 오는 크고 작은 부작용이 있다.

우리 유치원에서는 아이들의 경제교육을 위하여 칭찬받을만한 일을 했을 때 성품달란트를 준다. 그리고 달란트 선물을 교실 한쪽에 준비해 놓고 달란트를 모아서 자신이 사고 싶은 물건을 사도록 한다. 어떤 아이들은 조금 모아서 값이 싼 물건을 계속 사는 아이들도 있고 어떤 아이는 꾹 꾹 참고 있다가 나중에 비싼 물건을 사는 아이들도 있다. 여기서 아이들의 소비성향을 볼 수도 있다.

9) 자기 통제력- 싫은 것을 해내는 힘

좋아하는 것만을 해내는 아이는 많이 있다. 하지만 삶에 있어서 좋아하는 것만 할 수는 없는 법, 하고 싶지 않은 것도 해내는 아이가 진정한 성공을 맛본다. 그렇다고 해서 강요로서 아이에게 싫은 것을 하게 해서는 안 된다. 적절한 보상이나 칭찬, 생활 속의 작은 훈련을 통해 자신을 통제하는 법을 알게 하라. 이것을 실천하기 위해서는 부모님의 본보기가 절실히 요구된다. 요즘은 부모가 참지 못하는 경우가 많다. 오히려 아이가 "엄마 나 괜찮아요." 하고 부모를 설득시키기도 한다. 하고 싶은 말 한마디, 하고 싶은 행동 하나도 먼저 생각하고 말하고 행동하는 부모가 자녀를 자기통제력 있는 아이로 자라게 할 것이다.

 ## 성공과 실패보다 중요한 것은 도전

　아이는 소소한 일상에서 아주 작은 도전을 해 성공하는 것만으로도 자신의 능력을 믿게 된다. 그런데 요즘 부모들은 마땅히 아이가 해야 할 일도 미리 알아서 해결해준다. 그러다 보니 아이들은 조금만 힘이 들어도 포기하고, 작은 실패에도 세상이 끝난 것처럼 절망한다. 요즘 아이들이 자기 의견을 똑 부러지게 밝힐 줄 알고 똑똑해진 것은 사실일지 모르나, 정작 자존감은 강하지 않은 듯 보인다.

　탄탄한 자존감은 성공과 실패를 반복해서 겪으면서 만들어가야 하는데 아이들이 어리다는 이유로 부모가 문제를 막아주고 덮어주고 가리기만 하니 제대로 된 성공과 실패의 경험을 할 수가 있겠는가? 아마 남이 차려준 밥상 같은 절름발이 성공만 경험해 보고 실패란 것은 구경도 못해봤을 것이다.

　평범한 휴대전화 외판원에서 오페라 가수가 된 폴 포츠는 첫 내한 공연에서 이런 이야기를 했다. "예전에 슈퍼마켓에서 일할 때였습니다. 주인이 '그라나 달'라는 과일을 먹어보라고 권했죠. 하지만 먹고 싶지가 않았습니다. 맛이 없어 보였거든요. 결국 먹게 됐는데 정말 맛있는 과일이었습니다. 음반사에서 〈Everybody Hurts〉라는 곡을 불러보라고 권했을 때도 마찬가지였습니다. 확신이 없었거든요. 그런데 부르고 나니 제가 가장 좋아하는 노래가 됐습니다."

자존감을 위해 아이가 겪어야 할 성공과 실패의 경험은 포츠가 말한 처음 먹게 되는 과일, 처음 부르게 되는 노래와 같은 것일 수 있다. 성공이냐 실패냐 하는 문제보다 해보느냐 해보지 않느냐가 관건이다. 막상 해보게 되면 우리가 미리 생각했던 것보다는 일이 쉽게 풀릴 수도 있다. 아이가 성공과 실패를 경험하게 하기위해서는 부모가 좀 더 대범해질 필요가 있다. 아이를 믿고 뭐든 도전해보게 하되, 실패해도 된다는 것, 다시하면 된다는 것을 말해주면 된다. 아이를 사랑한답시고 모든 일의 결과를 예상하고 일어나지도 않은 실패와 성공을 관리해서는 안 된다. 부모는 아이가 스스로 원하는 일을 할 수 있도록 독려하고, 실패하면 그 자리에 주저앉지 않도록 격려해주며, 성공하면 아낌없이 칭찬해 주기만 하면 된다.

　다시 말하지만 아이의 원 생활에서 일어났던 크고 작은 일에 지나치게 부모가 개입해서는 안 된다. 정작 아이는 아무렇지 않게 친구와 사회적 관계를 위해 필요한 성공과 실패를 경험하면서 아이는 성장하고 있는데 부모는 일을 확대 시키면서 "아이가 얼마나 상처를 입었겠느냐, 아이가 심리적으로 불안한 것 같다" 등 너무나 크게 확대해서 개입함으로 정작 부모는 안절부절 못한다면 오히려 아이에게 역효과가 나는 경우가 많이 있다. 무슨 일을 해결할 때 그 중심에는 아이의 입장을 아이의 마음을 헤아려주는 것이 제일 좋다.

　실패와 성공 그 자체가 무엇을 의미하는 것은 아니다. 실패와 성공의 경험으로 아이가 정말로 배워야 하는 것은 자신이 꽤 괜찮은 사람이라는 확신이다. 열심히 공부해서 시험을 잘 봤을 때, 수없이 넘어진 끝에 자전거를 타게 되었을 때, 힘들었지만 자랑스러운 일을 성취했을 때 등을 떠올리며 어떤 어려움이 있더라도 결국에는 잘 해 낼 거라는 확신, 즉 자존감을 갖는 것이다. 우리는 당장 아이를 세계적인 과학자로, 정치인으로, 수학자로, 의학자로 만드는 영재교육을 하려는 것이 아니다. 또한 아이에게 성공하는 사람들이 가진 습관을 훈련시키려는 것도 아니다. 단지 아이가 적절하게 실패와 성공의 경험을 반복하면서, 청소년이 되고 성인이 되어 어떤 어려움을 맞닥뜨리더라도 헤쳐 나갈 수 있는 건강한 정신력을 갖기를 바라는 것뿐이다.

아이는 살아가면서 앞으로 여러 가지 도전을 하게 될 것이다. 그러나 자존감이 높은 아이는 새로운 자극을 받아들일 준비가 되어 있으며, 아무리 힘들고 어려운 과제라도 끈기 있게 해결해 나갈 것이다. 성공의 경험을 통해서 더 큰 자신감과 자존감을 획득할 것이고, 실패의 경험을 통해서는 인내와 강한 정신력을 키워, 다음 기회를 즐겁게 맞이하게 될 것이다. 이것이 자존감이 주는 또 다른 선물이다.

- 〈EBS 제작팀 『아이의 사생활』 인용〉 -

사랑하는 자녀에 대한 지혜로운 말 한 마디로 자녀의 미래를 행복하게 열어주는 비법은 부모의 짧은 『한 마디』로 아이들은 안정감을 갖고 세상을 향한 도전의식을 갖게 되는 것이다.

"좋은 아빠, 좋은 엄마가 되기 위하여…"

세상을 바꾸는 단 한 가지 방법

"착한 아들을 원한다면 먼저 좋은 아빠가 되는 거고, 좋은 아빠를 원한다면 먼저 좋은 아들이 되어야겠지. 남편이나 아내, 상사나 부하직원의 경우도 마찬가지야. 간단히 말해서 세상을 바꾸는 단 한 가지 방법은 바로 자신을 바꾸는 거야"
- A.G. 로엠메르스의《어린왕자-두번째 이야기》중에서 -

1. 아이의 백 년 인생을 생각하는 부모들을 위한 7가지 지혜
2. 아들에게 특별한 아빠가 되는 10가지 방법
3. 아이에게『정직함을 가르치는』14가지 말
4. 아이의『용기를 길러 주는』14가지 말
5. 아이의『기분을 밝게 하는』14가지 말
6. 아이에게『자신감을 심어 주는』14가지 말
7. 아이에 대한 아빠의 편견 10가지
8. 좋은 아빠가 되기 위한 마음 열기
9. 아이사랑, 가족 사랑을 실천하는 10계명
10. 좋은 부모가 되기 위한 12가지 일러두기
11. 아빠가 1% 변하면 아이는 10% 변한다.
12. "맞벌이 부부의 교육기관 선택하기"
13. 자녀교육 10계명-부모보다 훌륭한 교사는 없다

 아이의 백 년 인생을 생각하는 부모들을 위한 7가지 지혜

지혜 1. 아이의 10년 후를 생각하라

매일 30분간 책상에서 책 읽기, 일기쓰기 등 어릴 적부터 습득된 사소한 훈련은 기본력이 되어 공부뿐 아니라, 10~20년 뒤 아이의 성공적인 삶을 이끌어 줄 기반이 된다. 인생을 살면서 크고 작은 난관에 부딪혔을 때 문제를 파악하고 판단해 본인 스스로 해결해 나갈 수 있는 능력이 되는 것이다.

지혜 2. 전진 교육보다 완전 교육을 꾀하라

아이의 학습단계 중 진도가 나아가는 단계에서 우선 아이들이 이 교육을 따라갈 준비가 되어 있는가를 따져 보아야 한다. 전진 교육을 한답시고 몇 년 앞선 교육을 시킨다면 학습지에서가 아닌 생활 속에서 스스로 터득하는 공부를 배울 기회를 빼앗는 것이 된다. 아이에게 진정 필요한 교육은 단순히 몇 단계 앞서는 교육보다 각각의 시기에 꼭 필요한 교육을 완전하게 학습하는 것이다.

지혜 3. 아이가 좋아하는 것에서 시작하라

부모가 시키는 대로만 하는 아이는 나중에 자신이 무엇을 해야 할지, 자신이 무엇을 원하는지도 모르는 경우가 많다. 아이가 자신이 좋아하는 것을 선택하는 결정력을 갖게 된다면 아이는 그 일을 함에 있어 능동적이 되고 배우고자 하는 집중도와 학습력이 향상된다. 아이에게 아무리 좋은 것이라 해도 아이 스스로 하는 경우가 아니면 그 효과를 기대하기란 어려운 법이다.

지혜 4. 아이 마음을 동하게 만들어라

아이의 인생은 아이 것이다. 혹시 지금 아이에게 자신이 못 이룬 것에 대한 보상심리를 품고 있지는 않은가? 아이를 움직이게 하는 동기부여는 부모가 하는 것이 아니라 아이 스스로 하는 것이다. 아이에게 다양한 경험과 체험학습을 통해 스스로 자신의 길을 선택하고, 그 선택에 대한 책임을 지고 인생을 이끌어 가게 하라.

지혜 5. 생활의 모든 것을 교재로 활용하라

공부는 놀이처럼 재미있게 해야 하는 것이다. 그러기 위해서는 공부는 생활 속의 자연스러운 경험으로 녹아들어야 한다. 책상 위에서 억지로 하는 것이 아니라 언제, 어디서든, 매순간 이뤄 질 때 아이는 흥미를 느끼고 학습내용을 자신의 것으로 흡수시킨다. 박물관 가기, 텃밭 가꾸기, 책 읽고 애기하기처럼 생활 속에서 엄마와 함께 배울 수 있는 것들은 무궁무진하다.

지혜 6. 온 마음을 다해 칭찬하라

장점만 갖고 있는 아이는 이 세상 어디에도 없다. 오히려 부족하고 미숙한 점이 더 많다. 아이를 키우는 엄마들은 조급한 마음으로 아이가 무조건 잘하기를 바라기보다는, 칭찬을 함으로 아이가 자칫 잃어버리기 쉬운 자신감을 늘 간직하면서 자기만의 장점을 키워가도록 도와주어야 한다. 칭찬은 아무리 강조해도 지나치지 않는다.

지혜 7. 훈육(discipline)과 잔소리(scolding)를 구별하라

훈육과 잔소리의 큰 차이는 잘못의 대상을 어디에 두는가에 있다. 잔소리가 그 대상을 아이 자체에 두는 것이라면 훈육은 아이가 저지른 행동을 대상으로 한다. 훈육을 받은 아이는 그것이 자신에 대한 비난이 아니라 잘못된 행동에 대한 지적이라는 것을 안다. 따라서 자신을 비하하거나 뒷날 같은 잘못을 저지르는 실수를 범하지 않는다.

– 아이는 99% 엄마의 노력으로 완성된다 / 가정학습 실천편 중에서 –

귀한 우리 아이가 처음 우리 곁에 찾아온 순간으로 되돌아가 보면 얼마나 큰 기쁨을 주는 존재였는지? 걸음마를 시작하고 말을 배우고 자라는 모습을 지켜보며 스르르 지어졌던 미소를 기억하는지? 마음의 욕심을 비우고 좀 가벼운 마음으로 아이들과 말씨름 하는 시간에 삶의 지혜를 가르쳐 준다면 당신은 바로 좋은 부모이다.

 ## 아들에게 특별한 아빠가 되는 10가지 방법

어릴 적 나는 아빠의 어떤 모습을 좋아했는지 떠올려보자. 퇴근길 통닭을 손에 들고 들어오시던 모습, 함께 공차기를 해주시던 모습, 머리를 쓰다듬으며 칭찬을 해주시던 모습… 이제 아이가 원하는 아빠의 모습이 어떤 모습인지 아셨죠?

1. 오늘 저녁식사는 둘이 장본 것으로…

장을 보면서 야채며 과일은 아이가 고른 것을 선택해보자. 조금 시들고 못생기면 어떤가? 자신이 고른 야채며 식료품으로 만든 저녁이라면 어느 때보다도 더 맛있게 밥을 먹을 것이다. 아이들에게 아빠와 함께 하는 장보기도 놀이인 것이다.

2. 유치원에 데려다 주세요.

바쁜 아침 출근길이나 저녁 퇴근길에 아이를 어린이집이나 유치원에 데려다주거나 데려와 보자. 둘만의 특별한 시간을 경험하게 될 테니까. 아빠의 그런 자상한 배려는 아이에게 용기를 주며 무척이나 커다란 기쁨이 된다.

3. 팔씨름을 해 보세요.

아빠를 이기려고 얼굴이 빨개지도록 안간힘 쓰는 아이를 바라보는 것만으로도 아빠는 유쾌하다. 겨우 넘어뜨린 아빠의 팔을 보고 환호성을 지르는 아이에게 조금은 화난 듯 다시 한 번 하자고 하고 다시 져준다. 약간의 오버액션도 아이에게는 커다란 기쁨이 된다. 그리고 아이를 인정해주자.

4. 자전거를 태워주세요.

우리 아이가 어려서 자전거를 가르쳐 달라고 했다. 자전거를 잡고 따라다니는 것이 쉽지는 않았다. 아이는 어떻게 하면 잘 탈수 있는지 자꾸 물어보았다. 핸들을 꽉 잡고 앞을 보고 달리라고 했지만 아이가 터득한 것은 친척 형이 알려준 방법이었다. "페달을 빨리 돌려…" 가만히 생각해 보니 페달을 빨리 돌리면 자전거가 쓰러지지 않았다. 아이들의 생각은 어른들과 참 다르다는 것을 아이에게서 배운다.

아이가 하고 싶을 때 그것도 아이가 좋아하는 아빠가 함께 해준다면 그것보다 기분 좋은 것은 없을 것이다. 유치원에 와서 아이들은 말한다. "어제 우리 아빠가 자전거 가르쳐 줬어요"

아이에게 먼저 자전거를 타자고 말해보자. 아이는 신이 나서 빨리 밖으로 나가자고 할 것이다. 그리고 상상 할 것이다.

5. 화창한 날 함께 세차하세요.

날씨가 좋은 날, 커다란 양동이에 물을 가득 담고 나가 차를 닦아보자. 비누거품도 내고, 물을 꼭 짠 걸레로 걸레질도 하고, 반짝반짝 광도 내고…. 아빠의 일을 함께 하면서 아이는 자신이 어른이 됐다고 생각할 것이며 아빠를 도와 줄 수 있었다는 뿌듯함이 아이의 자긍심을 자라게 할 것이다.

6. 잠자기 전 베개 싸움 한판, 어떠세요?

어린 시절 형제들과 잠자기 전에 베개싸움을 하다가 자곤 했다. 얼마나 재미가 있는지 이부자리를 새로 깔아 놓았던 것이 엉망이 되어 버리면 엄마한테 혼이 나면서도 늘 그 재미를 잊을 수 없다. 신체를 활발하게 움직이는 베개싸움을 하다 보면 아이도 아빠도 하루 동안 쌓인 스트레스가 확 풀릴 것이다.

서로의 몸에 부딪히면서 친근감도 생기고 형제간의 우애도 생긴다. 무엇보다 잠을 깊게 푹 잘 수 있다.

7. 프라모델 조립하기

아빠와 아들이 머리를 맞대고 고민하고 의논하며 만드는 프라모델, 조각을 떼 내고 본드를 칠하는 방법을 가르쳐줘보라. 조립품을 이리저리 맞추고 조립하다 보면 어느새 아빠와 아들은 무언가를 함께 만들어가고 있는 친구가 되어 있을 것이다.

8. 사나이들끼리 함께 가는 목욕탕

아이의 머리를 감겨주면서, 수건으로 몸을 닦아주면서 아이에 대한 새로운 사랑의 기쁨을 느껴보라. 스킨십만큼 아이와의 사랑을 끈끈하게 만드는 건 없다.

9. 컴퓨터를 가르쳐주세요.

아이들은 컴퓨터 키보드 두드리는 걸 좋아한다. 그 동안 컴퓨터를 고장낼까봐 못 만지게 하셨다면 이번 기회에 차근차근 컴퓨터 만지는 법을 가르쳐주자. 간단한 게임은 함께 해주고 컴퓨터를 만질 수 있다는 사실만으로도 아이들은 좋아한다.

10. 아이가 제일 좋아하는 운동을 아빠와 함께

아빠는 자동차, 아들은 건너편 나무. 서로의 골대를 정한 다음 시작하는 축구 한판. 처음엔 이기는 척하다가 막판에 슬쩍 져줘 보자. 아빠에게 승리한 기쁨에 아들은 자신감이 넘치게 된다.

아이에게 『정직함을 가르치는』 14가지 말

1. 네 눈으로 직접 확인해 보렴.
2. 같은 입장이었다면 기분이 어땠겠니?
3. 사람마다 생각이 다르단다.
4. 속여서 이기는 것보다 지는 게 낫단다.
5. 규칙은 반드시 지켜야 해.
6. 남의 외모에 대해 함부로 말하면 안 된단다.
7. 잘못을 했으면 바로 사과하자.
8. 거짓말로 위기를 모면하면 마음이 슬퍼져.
9. 엄마(나)라면 어떻게 했을까?
10. 남의 이야기에 귀 기울이자.
11. 최선을 다하는 사람을 칭찬하자.
12. "나만 좋으면 돼" 하는 사람에겐 아무도 도움을 주지 않는단다.
13. 그러면 네 행동은 옳았니?
14. 말은 사람에게 상처를 주기 위해 있는 게 아니란다.

아이의 『용기를 길러 주는』 14가지 말

1. 어디 한번 해 볼까?
2. 이런 일도 할 수 있구나!
3. 마지막 결정은 스스로 하렴!
4. 실패했으면 다시 하면 돼.
5. 무슨 일이든 최선을 다하자.
6. 엄마(아빠)는 언제나 네 편이란다.
7. 싸우지 않으면 안 될 때도 있단다.
8. 모든 것이 호박이라고 생각해 보렴!
9. 무서울 때는 큰 소리를 내 보자.
10. 모르는 것을 물어보는 것도 용기란다.
11. 남의 비웃음에 신경 쓰지 말아라.
12. 넌 훌륭한 사람이야.
13. 부드러운 네가 참 좋아.
14. 웃으면서 이야기할 때가 올 거야.

5. 아이의 『기분을 밝게 하는』 14가지 말

1. 정말 잘 어울려.
2. 좋은 일 있었니?
3. 엄마(아빠)는 언제나 널 믿는단다.
4. 웃는 얼굴이 최고야.
5. 잘했어!
6. 엄마(아빠)도 네 나이 때로 돌아가고 싶구나.
7. '안녕', '잘 자' 하고 인사를 나누자.
8. 참 좋은 친구들을 두었구나.
9. 이번엔 엄마(아빠)가 졌어.
10. 우리, 조금 느긋해지자.
11. 재미있니?
12. 자, 이제 싫은 소리는 이쯤에서 그만 하자.
13. 이것이 네 장점이구나.
14. 어른이 다 되었네.

아이의 『자신감을 심어 주는』 14가지 말

1. 도와줘서 고마워.
2. 참 즐거워 보이는구나.
3. 잘되지 않을 수도 있어. 누구에게나 그런 경우가 있단다.
4. 아무리 생각해도 이해할 수 없는 일이 있단다.
5. 하고 싶은 말은 확실하게 하렴.
6. 참 재미있는 생각이구나!
7. 한번 해 보자.
8. 잘 참았어. 훌륭하다.
9. 엄마(아빠)는 네가 반드시 할 수 있다고 생각해.
10. 어떤 경우에도 너는 너야.
11. 엄마 아빠는 여기까지 밖에 못했단다.
12. 가슴을 활짝 펴 보자.
13. 틀린 것이 아니야 남과 다르다는 건 매우 중요한 거야.
14. 할 수 있다고 마음먹었으면 무엇이든 해 보자.

다고아키라 〈아이를 빛나게 하는 금쪽같은 말 중에서〉

 # 7 아이에 대한 아빠의 편견 10가지

    사업을 하다가 어려움에 부딪히면 하는 말 '에이, 시골 가서 농사나 지을까 보다'라며 탈출구를 모색한다. 거래처, 고객관리 등 복잡한 사업보다는 씨를 뿌리고 수확하는 벼농사가 훨씬 쉬워 보인다. 그러나 농촌의 실상을 모르고 말하는 '편견'이다. 귀농의 어려움은 우선 몸이 말한다. 평소 쓰지 않던 근육을 사용하므로 조금만 일해도 피곤하고 능률도 오르지 않는다. 농사란 씨 뿌릴 때 뿌리고, 장마와 가뭄도 대비해야한다. 농사에서 방심은 금물, 적절한 시기를 놓친다면 급격한 수확의 감소를 감내해야한다.

    편견의 원인은 아빠가 아이를 잘 모르기 때문에 생긴다. 그럼 왜 아이의 마음을 모를까? 바로 아이와 놀 시간이 없기 때문이다. 사실 아빠는 돈을 벌기에 매우 바쁘다. 아침 일찍 출근해서 저녁 늦게 귀가하는 아빠는 아이의 얼굴을 보기가 하늘에 별 따기다. 주말에는 피곤한 아빠가 쉬어야 한다. 그러므로 역시 아이와 놀아줄 시간이 없다. 그런 바쁜 인생을 살다보면 아이는 어느덧 아빠의 품을 떠난다. 가끔 주마간산(走馬看山)으로 놀아주는 아빠가 아이의 마음을 알기란 매우 어렵다. 아이는 아빠가 생각하는 것보다 훨씬 빠르게 성장하고 있다. 아빠는 나름대로 아이를 위해준다는 방법을 찾곤 하지만 객관적인 판단능력이 부족할 수밖에 없다. 물론 교육에 대한 포퓰리즘이나 공부지상주의에 의한 사회적인 분위기도 문제지만, 내 아이니까 잘 안다는 선입관과 편견이 오히려 올바른 판단을 방해한다. 그 피해는 고스란히 아이에게 다가온다. 힘도 없고, 저항하기도 어렵고, 그저 수동적인 아이에게 아빠의 판단은 따라야만 하는 슬픈 운명이다.

　이러한 편견으로 아빠의 가장 큰 실수는 인성교육을 해주지 못한다는 것이다. 인성이란 무엇인가. 바로 많이 놀고 경험하고, 체험하며 사회성을 배우고, 상대방에 대한 배려와 존중이다. 그것은 초등학교 이전에 반드시 필요하고, 특히 미취학 때는 더욱 중요하며 어릴수록 짧은 시간으로 가능하며 효과도 많이 난다.

　아이에게 공부만 강요하는 아빠의 미래 운명은 어떻게 될 것인가? 결국 자식에게 왕따를 당하는 아빠가 매우 많아진다는 것을 예측할 수 있다. 인생은 인과응보(因果應報)이다. 콩 심은데 콩이 난다. 자식이 설령 성공하더라도 부모에 대한 공경과 존중을 모르기에 자신의 성공은 자신의 노력이라고 유아독존(唯我獨尊)임을 선언한다. 아이에 대한 아빠의 편견으로 인한 아빠의 종류를 정리해본다.

편견 1. 아이가 뭘 알아 ? 안하무인(眼下無人)형 아빠

　놀이가 부족한 아빠의 스타일로 아이의 지식과 성장을 인정하지 않고 항상 어린 아이로만 생각하며 아이의 말에 전혀 귀를 기울이지 않고 무시하며 아빠가 일방적으로 판단한다. 그러나 아이는 생각보다 훨씬 성숙해져 있으며 아빠에 대한 부정적인 마음과 적대감이 자라고 있다.

편견 2. 시키면 해 ? 독불장군(獨不將軍)형 아빠

　놀이와 스킨십이 부족한 아빠로 항상 아이가 어리기에 아빠의 명령이 곧 아이와의 대화할 때 아빠의 큰 목소리가 특징이며 바로 안하면 10을 셀 때까지 하라고 하며 하나, 둘을 헤아린다. 그러나 이런 관계가 오래갈수록 성향은 고착화가 되고 아이는 복종에 익숙해진다. 가족이란 너와 나의 수평적인 관계인데 항상 수직적이다. 그러므로 아이는 아빠에게 다가가지 못하고 결국 초등학교 저학년부터 아빠의 품을 떠날 준비를 한다. 그러므로 친구나 컴퓨터를 더욱 좋아하고, 빠지게 된다.

편견 3. 알아서 크겠지 - 하숙생형 아빠

아내에게 전권을 위임하는 아빠로, 통이 크고 좋은 아빠처럼 보이지만 실상은 쭉정이 아빠. 아이와 놀아줄 생각은 않고, 성적에도 관심이 없고 오직 자기 자신의 취미와 기호에 관심이 많다. 항상 자식에 대한 소유의 개념은 있으나 성장과정을 주시하지 않고 놀아주지도 않는다. 주먹으로 모래를 잡으면 어느새 다 새어나가듯이 아이의 마음에 아빠는 없다.

편견 4. PC도 없애고, TV도 치우고 공부만 해라 - 기숙사 사감형 아빠

아빠는 공부에 필요하다면 무엇이든지 사주며 어떠한 희생도 감내한다. 집안 분위기가 항상 고요와 적막이다. 가족 간의 대화는 단절된다. 그저 공부뿐이다. 아빠에게 따뜻한 칭찬의 한마디를 듣고 싶은 아이에게 '다 너를 위하여 공부라는 것이야' 라는 새빨간 거짓말로 현혹시킨다. 아빠가 아이와 놀아주는 것도 시간낭비라고 생각한다. 아이가 공부를 잘해서 성공할지는 모르겠지만 오히려 아빠의 미래가 걱정이 된다.

편견 5. 학원 많이 보내면 잘 되겠지 - 묻지마 투자형 아빠

아파트 단지에서 흔히 일어나는 스타일이며 사교육을 아이의 친구보다 한 과목이라도 덜 보내면 잠을 못 이루고 안달을 하며 바로 추가를 시킨다. 학교에 빠지는 것은 용납해도 학원을 빠지는 것은 용서할 수 없다는 생각을 한다. 어려서부터 조기교육에 많은 투자를 하고 초등학교에 들어가면 더 많은 학원에 보내는 아빠. 고소득 상류층의 부부 맞벌이에서 많이 발생하는 편이며 아

빠는 아이와 놀아본 기억도, 추억도 별로 없고 오로지 성적에만 관심이 있다.

편견 6 언제든지 놀아주면 된다 – 언행 불일치형 아빠

약속에 대한 중요성을 인식하지 못하고 오늘 할 일을 내일로 미루는 아빠이다. 오늘 못 놀아주면 내일 해주면 되지 하루 이틀 늦어지는 것이 무엇이 문제이냐는 아빠. 약속의 중요성을 잃으면 아이는 아빠를 믿지 않으며 신뢰를 배울 수가 없다.

편견 7. 돈을 많이 갖다 주니 좋은 아빠지 – 황금만능(黃金萬能)형 아빠

돈이면 무엇이든 다 할 수 있다는 신념의 소유자이며 심지어 대학도 돈이면 들어갈 수 있다는 생각을 한다. 아이가 원하는 것은 다 사줄 수 있지만 정작 아이와 노는 방법도 모르고 대화도 거의 없다. 아이는 절제와 양보와 사회성이 떨어질 수밖에 없고 자신이 최고 잘난 것으로 착각하기 쉬워 주위 아이들과 동화하기가 어렵다.

편견 8. 조기 유학 보내면 잘 되겠지 – 외로운 기러기형 아빠

공부를 위하여 모든 희생을 감내하는 아빠. 아이와 아내를 함께 유학 보내고 독수공방(獨守空房)과 와신상담(臥薪嘗膽), 학수고대(鶴首苦待)하며 아이가 잘되기만을 기대하는 아빠이며 인성교육이야말로 어릴 때가 중요하다는 것을 인식하지 못함으로서 설령 아이가 공부를 잘하는 것은 볼 수 있을지 몰라도 그 아이에게 왕따를 당하기 쉬운 아빠이다. 아이는 공부를 잘하는 법은 배웠지만 아빠의 희생과 인내를 알 턱이 없다. 아빠는 외로움에 자살을 꿈꾸기도 하고 때론 아내에게 이혼을 당하기도 한다. 아이에게 아빠는 그저 삼촌 같은 존재가 된다.

편견 9. 축구도, 농구도 사교육이 최고 - 앙꼬 없는 찐빵 형 아빠

사교육 지상주의 아빠로 다양한 경험이 중요하다고 하며 축구나 농구도 사교육으로 한다. 그러나 정작 그것들은 아이와 친해질 수 있고 교감을 쌓을 수 있는 놀이이다. 그러나 그것조차도 과외선생에게 모두 빼앗겨 버린다. 아이와의 소중한 추억도 만들지 못하고, 돈도 버리는 한심한 아빠이지만 자신은 아이를 위하여 모든 것을 해주었다고 생각하는 자가당착 아빠이다. 아이가 크면 아빠 생각은 안하고 선생님에게 축구 배운 기억을 떠올린다.

편견 10. 말만 해 사줄게 - 예스맨 형 아빠

야단도 칠 줄 모르고 아이가 원하는 것이라면 무엇이든 잘 사주는 스타일의 아빠이다. 아이의 얼굴을 보기도 어렵고, 노는 시간도 적어서 미안한 마음에 보상차원에서 사주기도 한다. 장난감을 많이 사주면 좋은 아빠가 된다고 착각을 한다. 아이에 대한 사랑은 있으나 노는 방법과 표현 방법을 잘 모른다. 아이는 점점 장난감놀이가 전부인 줄 알고 아빠란 장난감 사주는 머신으로 생각하기 쉽다. 지속적인 장난감 놀이를 너무 많이 하면 아이가 자폐증으로 이어질 가능성도 있다.

- 출처 : 아빠의 놀이혁명(네이버) -

좋은 아빠가 되기 위한 마음 열기

1. 하루 한 번 모두 모여 식사하기
2. 하루 한 번 아이에게 전화하기
3. 하루 한 번 업어주기
4. 일주일에 한 번 서점에 가서 책 사주기
5. 일주일에 한 번 동화책 읽어주기
6. 한 달에 한 번 온 가족이 찜질방에서 자기
7. 1년에 사진 앨범 한 권 만들기
8. 아이와 목욕탕 가기
9. 주말농장 가꾸기
10. 아이가 좋아하는 게임 함께 하기

아이사랑, 가족 사랑을 실천하는 10계명

1. 아이와 함께 놀 수 있는 시간은 3~4학년까지이므로 어릴 때 같이 놀아야 한다.
2. 아이의 인성 교육에는 엄마, 아빠의 역할이 동등해야 한다.
3. 한 달에 한 번은 아이와 여행을 가서 멋진 추억을 만든다.
4. 아이와 함께 하는 취미 한 가지를 만든다.
5. 최소한 아이만큼의 컴퓨터 실력이 되어야 한다.
6. 퇴근 후 아이와 부담이 없는 1분 놀이를 할 줄 알아야 한다.
7. 아이가 잘못했을 경우 이성적으로 해결해야 한다.
8. 아이의 현재 고민이 무엇인지 알아야 한다.
9. 아이의 소질과 재능이 무엇인지 알아야 한다.
10. 아이의 구체적인 꿈이 무엇인지 알아야 하고 관리를 해주어야 한다.

좋은 부모가 되기 위한 12가지 일러두기

하나 좋은 부모가 되려면 부모도 자녀와 함께 계속 성장하고 변화해야 한다.

부모가 자신의 삶에 진지한 관심을 가지고 현재를 열심히 살며, 자신의 능력을 성장시키는 것은 자녀의 성장과 변화를 위한 가장 훌륭한 본보기이다.

둘 어릴 적 부모와 좋은 관계의 경험은 자녀의 삶을 풍요롭고 성숙하게 한다.

어린 자녀에게 무엇을 가르치려 하기보다는 자녀의 존재 자체에 대한 기쁨으로 함께 곁에 있어 줄 때 자녀의 삶은 세상을 품고도 남을 만큼 행복하고 풍요로워 진다.

셋 자녀를 믿고 격려하는 부모는 자신의 삶에 만족할 줄 안다.

자녀를 믿지 못하는 부모는 자신의 못 다한 삶에 대한 보상으로 자녀의 삶을 지배하게 된다. 부모가 자신의 삶을 소중히 여길 때, 자녀도 자신의 삶을 소중히 여기고 자유롭게 살아갈 수 있다.

 자녀의 감정을 이해하고 믿어주면 자녀는 자신의 행동에 책임질

수 있다.

자녀는 부모로부터 자신의 감정을 충분히 이해받을 때 어떻게 행동해야 할 것인가에 대해서 스스로 알게 된다. 자녀의 감정을 충분히 느끼며 인정할 때 자녀는 자기 행동에 책임감을 갖게 된다.

다섯 가족의 사랑은 우리의 삶에 특별한 힘을 준다.

사랑하는 사람들과의 교류는 소중한 재산이다. 사랑 넘치는 가정은 우리들 마음속에 든든히 자리 잡고 있는 고향과도 같고, 마음을 따뜻하게 감싸주는 솜옷과도 같다. 사람은 자기가 이해와 사랑을 받고 있다고 느낄 때 생명의 활기를 갖게 된다.

여섯 부모와 자녀의 애정 어린 관계는 마음을 살찌우게 한다.

부모가 자녀를 좋지 않게 생각한다면 부모와 자녀가 가까워지는 어렵다. 아주 작은 일에도 자녀를 칭찬하고 격려해주는 것은 자녀의 마음을 풍요롭게 만들고 애정 어린 관계를 이루어 가는 기본 요소가 된다.

일곱 부모가 절대적인 지지자가 되어줄 때 자녀는 어떤 두려움도 이겨낼 수 있다.

자녀가 힘들 때 부모님 생각만 해도 힘이 난다면 자녀는 언제 어디서든 당당한 모습을 가질 수 있다. 부모의 무조건적인 지지는 자녀에게 힘이 된다.

여덟 부모의 말 한마디가 자녀의 인생을 결정한다.

부모의 긍정적인 말 한마디는 아이의 마음에 생기를 주고 칭찬은 자신감을 갖게 한다. 사소한 비난도 자녀의 꿈과 마음에 상처를 남길 수 있다. 자녀는 강요에 의해서보다는 격려하는 대로 행동한다.

아홉 가장 훌륭한 부모 역할은 부모가 서로 사랑하는 모습을 보여주는 것이다.

부모가 서로 사랑하는 모습을 보고 자라는 자녀는 행복과 기쁨을 알게 되고 사람들과 어울리는 방법을 배우게 된다. 부모가 자녀에게 가르쳐 줄 수 있는 가장 소중한 것은 사랑을 느끼고 베풀 줄 아는 자녀로 성장시키는 것이다.

열 자녀에게 자기 스스로 해냈다는 기쁨과 성취감을 느끼게 하도록 하자.

자녀에게 무엇이든지 다 해주고 싶은 것이 부모마음이다. 그러나 자녀는 스스로 해내는 기쁨을 통해 성취감을 느끼고 주도성을 키우는 기회도 갖게 된다.

열 하나 사랑 받지 못할 아이는 없다. 다만 사랑할 줄 모르는 부모가 있을 뿐이다.

아이들은 부모가 사랑해 주면 사랑스런 아이가 되고 부모가 미워하면 미운 아이가 된다. 사랑할 줄 아는 사람에게 가면 미운 아이도 사랑스런 아이가 되고, 사랑할 줄 모르는 사람에게 가면 사랑스런 아이도 미운 아이가 된다. 사랑은 사랑하는 사람의 능력에 따라 달라진다.

열 둘 자녀와 함께 놀며 즐기는 시간이 자녀에게 줄 수 있는 가장 귀한 선물이다.

부모와 자녀가 모두 바쁜 요즘 자녀와 시간을 함께 하기가 쉽지 않다. 혹시 자녀에 대한 소홀함을 물질로 보상하고 있지는 않는가? 아이들은 부모와 즐거운 시간을 가질수록 부모의 마음과 사랑을 구체적으로 확실히 알게 된다. 그리고 인생에서 물질보다는 사랑이 더 소중하다는 것을 배우게 된다.

 아빠가 1% 변하면 아이는 10% 변한다.

아이들은 우리 가족 구성원을 어떻게 생각하고 있을까? 아이들이 원에 와서 하는 자유선택놀이라는 시간이 있다. 자신이 하고 싶은 영역에 가서 놀이를 하는데 그 중에서 역할놀이를 할 때 아이들의 모습을 보면 엄마 아빠 놀이를 많이 한다. 엄마의 역할, 아빠의 역할, 아이의 역할을 하면서 노는데 그 모습을 바라보고 있으면 그 가정의 모습이 보인다. 대개는 엄마는 잔소리꾼, 아빠는 돈 버는 기계, 형은 공부하는 로봇, 나는 칭얼대는 아기 역할을 한다.

육아전문가인 권오진씨는 아이의 재능을 제대로 보고, 이를 성장 동력으로 활성화시킬 수 있는 적임자는 바로 '아빠' 라고 말한다. 아빠는 이미 적자생존(適者生存)이라든가 정치, 경제, 사회, 문화 등 여러 분야에서 뛰어난 노하우를 갖고 있기 때문에 아이를 사회에 잘 적응할 수 있는 아이로 성장시킬 수 있는 잠재력이 있는 것이다.

저서 '아빠의 놀이 혁명' 으로 주목받은 권 씨는 '아빠의 습관혁명(웅진주니어 刊)' 에서 아빠들이 아이의 좋은 습관을 키워 주고 나쁜 습관을 변화 시키는 육아 비결을 알려준다.

저자는 아빠들에게 사회생활 노하우를 이용해 아이들에게 다가가라고 권한다. 아빠가 갖고 있는 능력의 1%만 아이에게 투자하면 아이는 그 열배인 10% 변할 수 있다는 것이다. 특히 항상 아이를 마음속에 품고 주시하는 '양치

기론', 쉽고 작은 목표부터 시작해 목표를 달성하는 법을 가르치는 '깃발론', 자주 지속적인 경험을 통해 새로운 일을 할 때 드는 두려움을 없애주는 '운전론' 등 7가지 원칙을 제시한다.

그 중에서 눈에 띄는 내용 하나를 소개해보자면, 아이에게 훈계할 때 함께 '누워서' 하자. 누워서 이야기 하면 분노가 일지 않는다고 말한다. 우선 누우면 서로 편하다. 의자에 앉아서 하거나 서서 하면 자세 자체가 불편하고 일방적으로 비춰져 듣기에도 부담이 되며 전달이 더욱 어려워진다. 심각한 이야기를 해야 할 때면 아빠들은 베개를 두 개 준비해서 누워보자. 겨울이라면 이불을 덮고 이야기해도 좋다. 이런 경우 일방적인 이야기도 그렇지 않게 들리며 심각한 이야기를 해도 감정이 쉽게 일어나지 않는다. 또 내용을 빠르게 전달하고 인식시킬 수 있다. 우리가 아이를 훈육할 때 처음 마음을 잃게 되는 경우가 많다. 말하다가 본질에서 벗어나기 일쑤다. 그 이유는 분노가 일어나기 때문이다. 자식사랑만큼 마음이 앞서 아이가 바로 수긍하지 않으면 감정 조절이 어려워지게 마련이다. 결국 본질에서 벗어난 야단을 치다가 부부싸움으로까지 번지는 경우가 종종 있다. 누워서 훈계를 하면 아이 마음도 아빠 마음도 여유로워 지면서 공감대도 가질 수 있다. 이렇게 편안하게 아이의 마음을 바로잡을 수 있는데 우리는 아이를 사랑한다면서도 단 몇 분의 시간을 내지 못한다. 이제 아이와 함께 누워보자. 아이와 함께 걸어보고 아이와 함께 산책도 해보고 아이와 단 둘만의 비밀도 가져보다. 그러면 "우리아빠 짱!!!" 하고 아이는 아빠를 좋아하게 될 것이고 자칫 가정에서 아빠의 자리가 없어질 위기로부터 벗어 날 수도 있을 것이다.

"엄마는 사랑을 좀 줄여야 하고 아빠는 사랑을 늘려야 한다. 엄마의 인지능력과 아빠의 공간지각능력이 결합돼야 100% 훌륭한 아이 교육이 나온다." 는 것 또한 강조해야 할 내용이며 많은 부모들이 아이가 어릴 때는 인성 교육을 강조하다가도 초등학교만 들어가면 이웃집 아이와의 경쟁에 열을 올리는 것도 유의해야 할 것이다. 인성만큼 중요한 경쟁력은 없기 때문이다.

- 출처 동아닷컴 -

 "맞벌이 부부의 교육기관 선택하기"

　어떤 교육기관을 선택할까? 일하는 직장 여성들에게 가장 큰 어려움 중의 하나는 아이들을 맡기는 문제이다. 아주 어렸을 때에는 할머니 또는 베이비시터의 도움을 받지만 두 돌이 지나면 대개는 어린이집이나 유치원에서 친구들과 함께 놀면서 단계적으로 집단생활의 적응력을 키워가기 시작한다. 요즘은 지역마다 자녀를 둔 엄마들이 모여서 만든 카페들이 있어서 그 곳에서 정보를 나누기도 한다. 그리고 같이 만나서 밥도 먹고 놀기도 한다. 그러나 그 곳에 있는 정보가 모두 옳은 것은 아니다. 각기 부모마다 자신의 교육 철학이 다르고 판단 기준이 다르기 때문에 객관성이 떨어질 수 있다. 참고는 하되 맹신은 하지 않는 것이 좋다.

　그리고 아이를 맡기고자 하는 교육기관이 안정적인지, 인성교육에 중점을 두는지, 교사의 성품은 따스한지, 집에서는 너무 멀지 않은지, 부모가 해줄 수 없는 것을 원에서 경험할 수 있는 다양한 프로그램이 있는지, 뛰어 놀 수 있는 공간은 넉넉한지, 놀이 환경은 깨끗하고 안전한지, 특별한 일로 늦을 경우 늦게까지 돌보아줄 수 있는지 등을 고려하는 것이 좋다.

　어린아이일수록 집에서 너무 먼 곳은 권하고 싶지 않다. 아이들이 갑자기 아프거나 늦을 경우 병원에 다녀와서 걸어서 등원시킬 수 있는 곳이라야 부모나 아이가 좀 더 자유로울 수 있기 때문이다. 또한 부모의 교육관과, 기관의 교육철학이 어떻게 일치 하는지도 점검하면 좋겠다.

영 유아에게 있어서 교육기관은 하루의 대부분의 시간을 보내는 아주 중요한 곳이다. 어떤 부모를 만나는 것이 아이의 일생에 커다란 영향을 주듯이 하루의 대부분의 시간을 보내는 좋은 교육기관을 선택하는 것은 아주 중요한 일이다.

자녀교육 10계명
부모보다 훌륭한 교사는 없다

부모는 자녀에게 처음 교사이자 마지막 교사이다. 그러면서 부모는 자녀의 가장 좋은 교사다. 부모만큼 자녀를 잘 아는 사람은 없기 때문이다. 사교육을 시키지 않고도 자녀를 우등생으로 만든 박명수씨가 제시한 '자녀교육 10계명'을 소개한다.

제1계명, 자녀를 진심으로 이해하려고 노력하라. 자녀와 대화할 수 있는 기회를 자주 만들어 자녀의 생각과 고민을 듣는다. 자녀와 대화하는 횟수가 많으면 그만큼 자녀를 이해할 수 있으며 문제가 발생할 가능성이 줄어든다.

제2계명, 부모가 먼저 모범을 보여라. 자녀에게 일방적으로 공부하라기보다 부모가 먼저 공부하는 모습을 보여주는 것이 어떤 교육보다 효과가 크다.

제3계명, 자녀의 특성(적성)에 따라 맞춤교육을 시켜라. 아이들이 읽은 책을 매일 기록해 아이가 어떤 분야에 흥미가 있는지 확인한다. 아이의 적성을 찾았다면 맞춤교육이 가능하다.

제4계명, 성적으로 자녀를 평가하지 마라. 하나님께서 이 세상 모든 사람을 똑같이 만들어주지 않았다. 어떤 사람에게는 문학적 재능, 어떤 사람에게는 운동 재능, 어떤 사람에게는 예술적인 재능을 주었다. 학교 성적으로 자녀를 평가하지 말고 자기 자녀가 가진 특별한 재능을 계발할 수 있도록 노력해야 한다.

제5계명, 사교육의 효과를 맹신하지 마라. 스스로 공부할 수 있는 능력을 키워주는 것이 공부를 잘하게 만드는 지름길이다. 사교육은 부족한 부분을 보완할 수 있을 만큼 최소화하는 것이 좋다.

제6계명, 모든 공부의 기초는 독서 능력에 달려 있다. 교과와 관련된 책을 읽히는 방법을 활용한다. 교과 내용에 대한 예습은 물론 배경지식을 갖춘 상태에서 수업을 듣기 때문에 수업내용이 어렵지 않다.

제7계명, 영어는 지식이 아니고 언어다. 영어 교육에 가장 많은 사교육비를 투자지만 만족할 만한 성과를 거두지 못하고 있는 이유는 영어를 지식으로 배우기 때문이다. 영어는 언어로 수없이 듣고 말하면서 터득하게 된다.

제8계명, 스스로 문제를 해결하는 능력을 키워주라. 수학은 문제 해결 능력을 키워주는 것이 중요하다. 아이들은 논리적으로 미숙하기 때문에 틀린 문제만 계속해서 틀린다. 먼저 스스로 문제집을 풀게 한 다음 틀린 문제만 부모와 함께 다시 푼다.

제9계명, 한자 공부로 어휘력을 키워주라. 국어학자들의 분석에 따르면 우리말의 70% 이상이 한자어로 구성돼 있다. 풍부한 어휘력을 갖추면 글을 읽고 이해하는 능력이 향상될 뿐 아니라 독서나 논술 능력도 향상된다.

제10계명, 가정교육을 두려워하지 마라. 이 세상 그 누구보다 부모만큼 자신의 자녀를 잘 아는 사람은 없다. 하나님께 기도로 지혜를 구하고 자녀 특성에 맞게 교육할 수 있는 가정교육에 관심을 기울여야 한다.

여덟 번째 마음

" 최고의 경쟁력은 감동입니다."

누군가에게, 혹은 어떤 연극이나 영화, 풍경 등에서 감동받은 기억을 되살려보자. "감동"만큼 우리의 마음을 움직이게 하는 것은 없다.

"Celebrating Together, Suffering Together"

1. 최고의 경쟁력은 감동입니다.
2. 머리가 차가운 아이보다 가슴이 따뜻한 아이로 키우자.
3. 상대방의 입장으로 생각하고 남을 배려하는 아이
4. 자신이 닮고 싶은 스승(멘토)을 찾게 해주자.
5. 자신과 친구들, 주위 모든 것을 칭찬하고 미소를!
6. 아침엔 하루를 신나게 열고, 밤엔 내일을 그리며 닫게
최고의 경쟁력은 감동입니다.

최고의 경쟁력은 감동입니다.

연탄 한 장

또 다른 말도 많지만
삶이란 나 아닌 그 누구에게
기꺼이 연탄 한 장 되는 것
방구들 선득선득 해지는 날부터 이듬해 봄까지
조선 팔도 거리에서 제일 아름다운 것은
연탄차가 부릉 부릉 힘쓰며 언덕길 오르는 거라네
해야 할일이 무엇인가를 알고 있다는 듯이
연탄은, 일단 제 몸에 불이 옮겨 붙었다 하면
하염없이 뜨거워지는 것
매일 따스한 밥과 국물 퍼먹으면서도 몰랐네
온몸으로 사랑하고 나면
한 덩이 재로 쓸쓸하게 남는 게 두려워
여태껏 나는 그 누구에게 연탄 한 장도 되지 못하였지
생각하면
삶이란 나를 산산이 으깨는 일
눈 내려 세상이 미끄러운 이른 아침에
나 아닌 그 누가 마음 놓고 걸어갈
그 길을 만들 줄도 몰랐네. 나는

- 안도현 시인의 〈연탄 한 장〉이라는 시이다. -

연탄재 함부로 차지마라. 너는 누구에게 한번이라도 뜨거운 사람이었느냐? 를 반문해본다. 희생이 없으면 감동이 생길 수 없다. 유치원에서 부모님 참여 행사로 부모님과 추억나누기라는 행사를 한다. 부모님들과 함께 같이 고기를 구워서 밥을 먹기도 하고 여러 가지 재미있는 게임도 하면서 하룰 재미있게 논다. 많은 인원이 함께 밥을 먹으려니 고기를 구울 때 많은 손길이 필요하다. 어떤 부모님을 팔을 걷어 부치고 불씨맨을 자처하시고 어떤 부모님은 한 쪽에서 구경하시다가 받아서 먹기만 한다. 또 어떤 부모님은 네 아이 내 아이 가리지 않고 아이들을 챙기며 밥을 먹이는데 어떤 부모님은 내 아이만 챙겨 먹인다. 이런 모습에서 아이의 모습도 같이 보인다. 내 것만 아는 이기적인 아이, 안타까우리만큼 내 것을 조금도 못 챙기는 아이, 친구들에게 늘 감동을 주는 아이 등등

아이들이 초등학교에 들어가면 부모들이 내 아이가 회장이 되기를 갈망한다. 그런데 요즘 회장은 다른 사람에게 감동을 주는 아이가 된다. 똑똑한 아이, 부모가 나서는 아이가 되는 것이 아니라 바로 친구 옆에서 늘 돕고 착하게 잔잔한 감동을 주는 아이가 그들의 리더가 되는 것이다.

사회에서도 마찬가지이다. 내가 누군가에게 도움을 받았을 때의 기억을 되살려보자. 내가 상대에게 계산적으로 무엇을 해줬을 때보다 상대에게 감동을 주었을 때 그들이 자발적으로 나를 위해 크고 작은 일을 마다않고 해주는 것을 경험해 보았을 것이다. 감동만큼 큰 경쟁력은 없다.

연탄재 함부로 차지 말라. 너는 누구에게 한 번이라도 뜨거운 사람이었느냐? 늘 겸손함으로 다른 사람을 섬기며 감동을 주는 것을 생활화 할 때 우리 아이는 최고의 경쟁력을 갖출 수 있는 사람이 되는 것이다.

2. 머리가 차가운 아이보다 가슴이 따뜻한 아이로 키우자

"Celebrating Together, Suffering Together"

함께 즐거워하고 함께 울라! 내가 다니는 교회 2012년 표어이다. 그 동안 우리 부모님 세대는 공부만 잘하면 성공하는 시대였다. 안정되고 좋은 직장을 얻을 수 있었으며 성공을 보장 받았다. 그래서 우리 부모님들도 우리를 그렇게 키웠으며 그러다보니 "공부"라는 단어가 어린 시절 부터 지금까지 우리 뇌 속에 각인이 되어 있다. 그 대물림으로 시대가 변하였음에도 불구하고 우린 우리의 자녀에게 "공부"라는 것을 또 각인 시키고 있는 것이다.

두뇌가 명석한 사람의 진로에 대해서 1921년 미국 스탠퍼드대학교의 젊은 심리학자 루이스 터먼 박사가 69년 동안 연구한 결과를 소개하면 다음과 같다. 캘리포니아에 있는 초·중생 25만 명 중 지능지수(IQ) 135 이상 되는 영재들만 1521명을 추려냈다. 그리고 그들의 평생을 추적했다. 터먼은 실험에 앞서 이 아이들이 각계의 최고 엘리트가 돼 성공적인 인생을 누리고 높은 직위를 갖게 되리라는 가설을 세웠다. 터먼 박사는 평생토록 그들의 성장을 지켜보면서 학업·결혼·직장생활 등을 낱낱이 기록했다. 그는 1990년까지 3대에 걸친 일생을 꿰뚫는 종적연구를 수행했다. 결과는 어땠을까? 영재로 판명된 아이들의 성장은 애초의 가설과는 다른 결과를 보였다. 그들 대부분은 자라서 엘리트가 되기는커녕 아주 평범한 직업인이 됐다. 판사와 주 의회 의원 몇 명이 나왔을 뿐 전국적 명성을 얻은 사람은 거의 없었다. 터먼 박사는 마침내 '성공은 지능이 아니라 성격과 인격, 기회포착력이 좌우 한다' 는 자신의 가설을 뒤집었다. 성공의 으뜸 조건으로 다름 아닌 좋은 성품이 중요하다는 것이다.

좋은 성품학교 이영숙 대표는 좋은 성품 12가지를 공감인지능력에 순종, 감사, 배려, 기쁨, 긍정적인 태도, 경청이 있고, 분별력에는 지혜, 정직, 창의성, 절제, 책임감, 인내가 있다고 소개한다. 우리 부모들은 아이를 성공시키기 위해 "공부"라는 의미 없는 것에 매달리고 있다. 그런데 성공은 스스로 처한 환경을 해석하고 느끼며, 반응하고 행동할 것인지를 매순간 결정하는 '태도' 에 달려 있다. 부자 부모를 두지 못했다고 해서, IQ가 135가 안 된다고 해서 인생이 실패하는 게 아니라는 것이다. 부모로서 자녀에게 풍족한 환경과 뛰어난 머리를 물려주지 못했다고 부모가 미안해할 필요가 없다는 점을 강조하고 싶다. 하버드대학교 의과대 팀이 2009년까지 72년간 진행해온 '잘사는 삶의 공식' 에 대해 소개해보면, 하버드대 2학년생 268명을 관찰대상으로 선정됐다. 이들 가운데는 훗날 미국 대통령이 된 케네디도 있었지만 대부분이 의외였다. 3분의 1은 정신질환 치료를 받아야 하는 사람이 됐고 마약이나 알코올 중독에 빠져 사망에 이른 사람도 적지 않았다고 한다. 이 연구의 결론도 삶에서 가장 중요한 것은 역시 인간관계였다. 성공한 인생의 공식이 그냥 인간관계라니 좀 허무하기도 하지만 자세히 들여다보면 인관관계를 성공적으로 만들어나가는 능력 즉, 내가 먼저 감사하고, 먼저 용서를 구하고, 잘 안 되는 것은 도움을 청하고, 그리고 내 마음을 표현해 다른 사람과 잘 소통하는 방법을 아는 것이 성공의 열쇠인 것이다.

아이들의 뇌를 검사해보면 좌뇌와 우뇌 중에 좌뇌가 발달해있는 아이들은 보통 우리가 좋아하는 공부를 잘한다. 하지만 인간성은 조금 결여되어 있다. 반면에 우뇌가 발달되어 있는 아이들은 마음이 착하고 따듯하나 공부에 대한 악착같은 마음이 좀 적다. 그래서 우리는 아이들의 전뇌발달을 위하여 학습도 시키지만 언어나 놀이, 친구들과 나누기, 존중해주기, 이해하는 것 배려하는 것 등의 인성 교육을 한다. 교육과정 또한 인성교육과 창의력 중심교육으로 변하고 있다. 왜 그럴까? 바로 패러다임의 변환이다. 시대가 요구하는 인재가 바뀐 것이다.

　이제는 공부만 잘하는 아이로 키우지 않는다. 부모와 함께 어려서부터 고아원, 양로원 등에서 사회 봉사활동을 하며 인성교육도 해야 하며 내 것을 소중이 여기는 반면 남의 것도 얼마나 소중한지를 가르쳐야 한다. 친구가 울 때 내가 기쁜 것이 아니라 친구가 울면 함께 울 줄 알아야 하는 것이다. 그런 아이는 어려서부터 그렇게 훈련 받아야 그런 마음과 생각을 갖게 되는 것이지 이론적 설명은 가슴으로 와 닿지 않는 것이다. 왜냐하면 좌뇌는 교육으로 발달되지만 우뇌는 훈련으로 발달되기 때문이다.

　친구가 울면 함께 울어주고 친구가 웃으면 함께 즐거워 해주는 가슴이 따듯한 아이로 키우는 것이 성공하는 것이다.

 ## 상대방의 입장으로 생각하고 남을 배려하는 아이

역지사지(易地思之)란 말이 있다. 내 의견만 주장하지 말고 상대의 입장으로 생각해보고, 자신이 말을 많이 하기 보다는 남의 말을 경청하도록 한다는 뜻이 담긴 말이다. 원에서 일어나는 아이들의 작은 분쟁들을 보면서 아니 분쟁이라기보다 사소한 다툼이라는 단어가 더 맞을 것 같다. 아이들은 그 상황을 이해하고 화해를 바로 하는데 오히려 부모는 그 작은 다툼도 이해를 못하는 경우가 많다.

우리아이는 삼대독자라서, 우리 아이는 아빠가 너무 귀여워해서, 우리 아이는 예민해서, 등등의 이유가 많다. 물론 이 세상에 소중하지 않은 사람은 단 한사람도 없다. 아이들의 다툼에서 내 아이가 조금 피해를 볼 수도 있고 상대편 아이가 조금 더 피해를 볼 수 있지만 내가 먼저 이해를 해준다면 아이들은 "배려"라는 아주 귀한 성품을 배우게 되는 것이다.

거울은 먼저 웃지 않는다

만담가인 우쓰미 케이코씨.
그의 세 번째 아버지는 이발사이다.
그 아버지가 입버릇처럼 하는 말이
'내가 웃으면 거울이 웃는다' 였단다.
우쓰미 씨는 이 말을 좋아해서 자신의 좌우명으로

삼고 있다고 한다. 나도 나만의 격언을 가지고 있다
'거울은 먼저 웃지 않는다.'
언제 어디서나 먼저 웃음을 보이는 삶을
살고 싶다고 나 자신을 타이른다.

— 가네히라 케노스케의《거울은 먼저 웃지 않는다》중에서 —
〈고도원의 아침편지〉

예전에는 덜 했는데 시대가 흐르면서 부모들의 이해폭도 좁아지고 그에 따라 아이들도 조금도 이해하려고 하지 않고 양보심이 없어지는 것을 교육현장에서 많이 볼 수 있다. 이것은 악순환인데 형제지간에도 이런 행동이 그대로 반영되어 형제지간에 절대로 서로 양보하지 않는다고 어떻게 하면 좋겠냐고 부모님들이 질문을 많이 해온다. 이럴 때 우린 어떻게 대답해야할까?

상대방의 입장으로 생각하고 남을 배려하며 사는 모습을 보여준다면 아이들도 그 넓은 도량을 배울 것이다.

4 자신이 닮고 싶은 스승(멘토)을 찾게 해주자

멘토(Mentor)

우리 모두
인생의 어느 때에 이르면 멘토가 필요하다.
멘토란 우리를 안내하고 보호하며 우리가 아직 경험하지 못한 것을 체화한 사람이다.
멘토는
우리의 상상력을 고취시키고 욕망을 자극하고
우리가 원하는 사람이 되도록 기운을 북돋워준다.
멘토는 우리가 그를 필요로 할 때 나타나서
우리 삶을 풍요롭게 해주는 대부나
대모와 같다고 할 수 있다.

플로렌스 포크의《미술관에는 왜 혼자인 여자가 많을까?》중에서

성공하는 자에겐 항상 훌륭한 스승인 조언자(멘토)가 있다. 우리는 인생을 다 경험 할 수 없다. 다 경험한 후에 그 길로 가려면 이미 많은 시간이 지나간 뒤이다. 하지만 자신이 하고 싶은 일에 모델이 될 만한 인물이 코치해 준다면 큰사람이 될 수 있을 뿐만 아니라 너무나 큰 행복감에 살 수 있다. 자기 아들딸처럼, 제자처럼, 친구처럼 전인적으로 돌봐주는 사람, 때로는 내가 꿈꾸었

던 것 이상의 꿈을 이루도록 챙겨주고 지원해주는 사람, 진정성이 있고, 사랑이 있고, 가슴이 따뜻하고, 세상을 보는 눈이 긍정적이고, 인내할 줄 알며 나를 이끌어주는 사람, 이런 멘토(mentor)가 있는 사람은 바로 행운아이다.

어린 시절 부모님들에 늘 듣던 말이 그 때는 잔소리 같았는데 이제 어른이 되니 '그 때 그 말씀을 따랐었더라면 내가 인생을 이렇게 멀리 돌아오지 않았을텐데……' 하는 후회로 남는다. 그런데 어른이 되어 내 자녀를 키우며보니 자녀가 또 내말에 귀기우리지 않고 인생을 돌아가려고 하는 모습을 바라보면서 '이것이 인생인가보다' 하는 생각을 해보았다.

내게 멘토(mentor)는 40대 후반이라는 늦은 나이에 찾아왔다. 그런데 나의 멘토(mentor)를 만나고 난후 난 얼마나 많이 바뀌었는지 모른다. 그동안 삶 또한 게을리 살지 않은 편이었으나 멘토가 이끌어주는 대로 나아가니 짧은 시간에 놀랄만한 성장을 할 수 있게 되었다. 멘토(mentor)를 만난 순간 내 인생에 터닝포인트(Turning point)가 이뤄졌으며 인생을 체화한 멘토(mentor)의 인도로 나의 꿈이 크게 되었고 또 그 꿈을 하나하나 이루며 나가고 또 그 분에 인격까지도 배우게 되었다. 어린 시절 부모님의 말씀을 소홀히 했던 것을 깊이 후회하며 지금 나의 멘토(mentor)의 말씀에 귀 기울이고 있는 요즘이 얼마나 행복한지 모른다.

먼저 부모님의 멘토(mentor)를 찾아보자. 나보다는 멋진 사람 그 사람을 보면 왠지 내가 더 멋지게 살고 싶어지는 사람, 그러면서 충분히 배울 것이 있는 그런 분을 주변에서 아주 열심히 찾는 것이다. 우연한 기회에 그런 분이 내게 올 수도 있다.

멘토(mentor)의 중요성을 아는 부모만이 아이에게도 멘토(mentor)가 얼마나 필요한지를 알 수 있는 것이다. 반드시 아이의 멘토(mentor)를 찾아주도록 하자.

자신과 친구들, 주위 모든것을 칭찬하고 미소를...

얼마나 많은 일과 공부 속에서 바쁘게 세상을 살았는지 모른다. 그러던 어느 날 평소 잘 알고 지내던 원장님의 사는 모습을 보면서 뭔가 내 머릿속을 통! 하고 지나갔다. 나에 대한 의문이 들었다 '나를 사랑하는가?' '나를 위해서 무엇을 하는지?' 곰곰이 생각해보니 공부하는 것, 여행하는 것, 친구 만나는 것 정도였다. 내가 한 인간이고 한 여자임에도 불구하고 그런 자기 사랑은 전혀 생각하지 않고 살았던 것 같았다. 건강도 챙기지 못했고 아름다움도 챙기지 못했다. 가족도 미처 챙기지 못한 것 까지도……

그래서 조심스럽게 자기 사랑을 작게나마 시작하였다. 좀 더 예쁘게 자신을 꾸미려고 노력도 하였고 먹는 것도 조심하면서 나의 몸을 만들기도 했다. 나를 위한 시간도 썼다. 이미 대학생이 된 아들에게 엄마가 시간을 같이하지 못하고 늘 혼자 있게 해서 미안하다고 울면서 사과도 했다. 객관적인 눈으로 나를 바라보고 나에 대한 이해를 했다. 부족한 것을 채우기 시작했고 지금은 부족하나마 비교적 만족할만한 결과를 얻었다.

자기를 사랑하지 않는 사람은 남을 사랑할 수 없다. 내 사랑을 하면서 다른 사람에 대한 이해가 높아졌다. 내 자신, 친구들 주위 모든 것을 더 당당하게 칭찬 할 수 있었다. 자신감과 당당함이 묻어난 결과인 것 같다. 보통 사람들은 자기 콤플렉스(complex) 때문에 다른 사람을 시기하고 칭찬에 인색하다. 나를 사랑하면서 부지런히 나를 계발하면 자신감과 당당함이 생긴다. 그 때 비로소 넓은 의미의 타인에 대한 이해와 사랑, 그리고 칭찬을 할 수 있는 것이다.

    칭찬은 고래도 춤추게 한다. 부모의 이런 여유롭고 너그러운 언행을 아이들은 옆에서 보고 그대로 배운다. "우리 엄마가 OO랑 놀지 말랬어요." 이런 부끄러운 모습은 보이고 살면 안 될 것 같다. 부드러운 미소도 거울을 보면서 연습을 해보자. "위스키, 도다리, 아저씨, 김치, 치즈…" 모두 모두 입 꼬리를 올리는 훈련할 때 쓸 수 있는 용어이다. 거울을 보면서 하루에도 몇 번씩 아이와 함께 연습해보자. 그러면 부모도 아이도 다른 사람에게 호감을 줄 수 있는 아름다운 미소와 함께 예쁜 표정을 얻을 수 있다. 그런 모습으로 친구들과 놀 때 좋은 친구도 많이 생기고 주변에서 인기 있는 그런 사회성 좋은 아이로 성장 할 수 있는 것이다.

6. 아침엔 하루를 신나게 열고, 밤엔 내일을 그리며 닫게

뭐든지 신나고 열심히 하게 하자. 공부할 때도 열심히, 놀 때도 신나게 한다. 그리고 밤엔 더욱 신나는 내일을 꿈꾸며 하루를 닫게 한다. 이렇게 하려면 늘 마음에 즐거움이 있어야 한다. 반복되는 잔소리와 짜증이 아이들의 뇌를 오그라들게 한다. 즐거움 없이 하룰 보낸다면 어떤 능률도 행복감도 얻지 못할 것이다.

아침부터 웃으며 칭찬해주자. 그러기 위해서는 부모가 늦장을 부리거나 바쁘면 충분히 인내 할 수가 없다. 미리미리 부지런히 시간을 갖고 아이를 대하자. 아이들은 부모가 생각하는 대로 빨리 할 수가 없다는 것을 인식해야한다. '아이가 이 세상을 살아봤자 몇 개월이나 살았나?' 를 생각해보면 급하게 요구하는 내 모습에 웃음이 날 것이다. 크게 한 번 웃고 기다려줘야 한다. 칭찬해주고 격려하고 아이들의 작은 행동 하나에도 오버액션 해주고, 그러다보면 아이는 즐겁고 그 즐거움으로 하룰 신나게 시작할 수 있다.

저녁이 되면 함께 하루를 정리하는 것도 좋은 습관이다. 자기 물건을 정리하고 빨랫감을 정리하고, 놀던 장난감, 이부자리, 서랍 등 좋은 기분에서 동생 것도 돕자고 하면 아이는 흔쾌히 도울 것이다.

오늘 하루 무엇을 했는지 아이들에게 개방적인 질문을 하자. 아이들이 생각해서 말 할 수 있는 것들을 물어보고 그 것에 대해서 반응해주고 엄마의 혹은 아빠의 하루도 이야기 해주자. 그러면 아이도 부모를 이해 할 것이다. 깨끗이 씻고 잠자리에 들기 전에는 책도 읽어 주고 부모가 너를 충분히 사랑하고 있다는 스킨십도 해주며, 작고 고운 소리로 아이 귀에다 "엄마가 너를 아주 많이 사랑해" 하며 "내일은 무슨 좋은 일이 생길지 꿈을 꾸자."고 하자. 아이를 꿈속에서 엄마 아빠의 사랑도 느낄 것이고 가족의 소중함, 유치원 생활의 즐거움도 느끼고, 친구들과 선생님이 보고 싶고 내일 유치원에 일찍 가서 무엇을 할지도 생각하게 된다. 그리고 나의 사랑하는 부모님을 기쁘게 할 것이 무엇인지도 생각하게 된다.

"내일은 무슨 좋은 일이 나를 기다릴까?"

어머니!
그 이름만으로도……

"사랑해요, 어머니! 어머닌, 여태까지 단 한 번도 저를 다른 사람과 비교하지 않으셨죠. 그리고 언제나 제가 하는 일 중에서 칭찬할 만한 일을 찾아 아낌없이 칭찬해 주셨어요. 어머니와 함께한 시간은 제게 너무나 소중합니다.."

– 빌 게이츠 (마이크로소프트사 사장) –

"만약에 어머니가 열정을 갖고 날 강력하게 지지해주지 않았다면 저는 절대로 대통령이 되지 못했을 것입니다. 어머니는 나에게 배우는 일을 멈추지 말고 쉽게 굴복하지도 말며, 항상 미소를 잃지 말라고 말씀 하셨어요, 또 두 가지 소중한 가르침을 주셨는데, 하나는 게으름 피지 말고 일하는 것이고, 다른 하나는 아무리 시련이 닥쳐도 당당히 맞서 이겨내라는 것이었습니다. 이 말은 내 성공에 큰 도움이 되었습니다.

– 빌 클린턴(미국 42대 대통령) –

"나는 예전부터 현명하고 자애로운 어머니가 내게 얼마나 큰 힘이 되는지를 알 수 있었습니다. 학교 선생님이 나더러 바보라고 말했을 때도 어머니는 최선을 다해 나를 변호해 주셨습니다. 나는 그런 어머니를 위해서라도 반드시 기대를 저버리지 않고 훌륭한 사람이 되겠다고 결심했습니다. 어머니야말로 진정으로 나를 이해해 주는 사람이기 때문입니다.

– 토마스 에디슨(1천종이 넘는 발명을 한 발명왕) –

스티븐 스필버그는 어린 시절부터 제 스스로 호기심을 해결하지 않으면 만족하지 않는 아이였다고 한다. 그중 잘 알려진 일화가 '토마토를 냄비에 넣고 끓이면 토마토가 폭발할까?' 하는 게 궁금해서 토마토와 냄비, 가스레인지를 가져와 아이들 앞에서 그 것을 실험한 일이다. 냄비속의 토마토가 폭발하기 전 그 소식을 듣고 달려온 엄마 때문에 토마토 소동은 중단되었다.
또 스필버그는 공부보다는 별자리, 유령, 우주인, 등 색다른 공상을 즐겼다. 이것저것 건드려보던 스필버그가 영화 만들기에 호기심을 갖기 시작한 것은 어느 날 아버지가 사온 카메라 때문이었다. 스필버그는 표현능력도 뛰어난 아이였다. 동네꼬마들을 모아놓고 무서운 이야기하기를 좋아했는데 스필버그가 이야기보따리를 풀면 어떤 아이들은 그날 밤 무서워서 잠을 못잘 정도였다고 한다.

그러한 능력을 결국 영화라는 장르를 발견하면서 자기가 시나리오를 쓰고 동네 친구들을 배우로 등장시켜 제2차 세계대전을 배경으로 하는 〈도망갈 곳은 없다〉라는 전쟁 영화를 만들게 했다.

스필버그 어머니는 공부에 취미가 없는 아들에게 공부하란 소리보다는 다른 방법을 썼다고 한다. 아들의 상상력을 건전하게 키워주기 위해 동화를 자주 읽어주었다. 스필버그가 잠자리에 들 때 들려준 동화 가운데는 피터팬 이야기도 있었는데, 스필버그는 나중에 그 기억을 되살려 〈후크〉라는 영화를 만들기도 했다. 스필버그의 어머니는 아들에게 공상을 즐기고 자기 생각을 재미있게 표현할 수 있는 별난 재능이 있음을 발견하고 그것을 적극 북돋워 준 셈이다. 심지어 아들이 만든 최초의 영화에 어머니가 독일병사로 변장하여 출연하였다는 것은 매우 유명한 일화이다. 아들이 벌이는 놀이에 어머니도 기꺼이 즐기는 마음으로 동참한 것이다.

- 스티븐 스필버그(Steven Allan Spielberg) -